명사여운 鳴沙餘韻

일러두기

1. 이 책은 저자가 10여 년 동안 쓴 글을 모아 엮은 것입니다.
2. 각 장 끝에 편집된 〈천년의 향기〉는 저자가 2015년에 낸 동일명의 음반에 실린 가사입니다.
3. 본문에서는 국립국어원의 어문 규범을 기준으로 삼되 용례가 없는 경우에는 관용적 표기를 따랐습니다.
4. 저자의 입말을 살린 표현은 그대로 두었습니다.

명사여운

카라브란, 검은 모래 폭풍에 우는 소리 황금산을 나투고
그 여운이 오래도록 남아 진리의 꽃을 피우다

鳴沙餘韻

함현

담앤북스

함현자계涵玄自戒

밤 깊어 눈이 감겨도

출가한 자신이 고맙고

새벽빛에 눈이 뜨여도

출가한 새날이 기쁘니

생평에 내 잘한 일은

출가한 일이 분명하구나.

세상살이 꿈속의 일

돌아누워 깨어 보면

이 몸은 찬연한 우주를

떠도는 티끌 먼지

이슬 같은 몸을 빌려

걷고 걷고 또 걸어서

이 순간 이곳까지

이마 찧으며 달려왔구나.

산 달 돋는 숲속에서

눈 날리는 강가에서

지우고 또 그리던 꿈들

지금은 어디 있나

빈 손의 서쪽 바람이요

숨길 속 저녁노을일세.

사대는 괴로움이요

삼계는 불타는 집인데

무상한 세월 속에

유위불사 짓고 지으며

허공 꽃 찾고 찾아

속절없이 달려왔네.

걸어온 길 돌아보며

흰머리 만져 보니

지치고 늙은 이 몸

지는 꽃비 맞은 꼴이라

이제라도 늦지 않았네

땅거미 속에 홀로 앉아

들숨 날숨 행주좌와

그저 힘써 염불하세.

'염불하는 그 마음이

부처님이다' 하셨으니

부처님이 부처님을 부르는 염불로

생로병사 억겁의 때를 한바탕 벗어 보세.

이보시게나 함현

배 주리면 아귀 떠올리고

몸 풀어지면 화탕지옥 생각하세

방일하거나 게으르지 말고 탐하지 말며

가고 옴을 쉽게 생각하지 말고

부끄러워하는 마음으로

출가한 첫 마음을 저버리지 마세.

한 생각 일어날 때

곧바로 깨달아 염불하세

무상하니 괴로움이요

그러니 무아임을 알며 염불하세

눈빛이 땅에 떨어질 때

부처님이 부처님을 노래하며

다물었던 입 하하하 열어

크게 웃어나 보세.

북한산 도솔선원에서 **함현** 합장

새로운 계절에

다시 뜬 해를 맞이하며

천년의 향기

후기

1

인연은 깊고 깊어

鳴沙
餘韻

계향戒香,
계의 향기

부처님께 예배드릴 때 우리는 습관처럼 향을 올립니다. 왜 그럴까요? 맑고 향기로운 삶의 실현이 부처님의 본원本願이기 때문입니다. 경에 이런 말씀이 있습니다.

달 밝은 밤이었다. 명상하던 아난다는 미묘한 꽃향기에 젖어 있는 숲속에서 나와 부처님께 여쭈었다.

"행복하신 님이시여, 숲은 지금 미묘한 꽃향기로 가득 차 있습니다. 행복하신 님이시여, 세상의 꽃 가운데 어떤 꽃의 향기가 가장 향기롭습니까?"

부처님께서 말씀하셨다.

"아난다여, 꽃과 나무들의 향기보다 훨씬 더 미묘한 향기가 있습니다. 그것은 바람을 거슬러 퍼지는 진리의 향기입니다."

먹이를 사냥하는 사자는 사냥감이 자신의 몸 냄새를 맡을 수 없도록 바람을 거슬러 몸을 숨긴다고 합니다. 1960년대 중국 문화혁명기에 '문향대聞香隊'라는 조직이 있었는데 이들은 지주계급이 남몰래 맛 좋은 음식을 끓여 먹는지를 은밀히 탐색하는 활동을 했다고 하지요. 아무리 아름다운 꽃향기나 맛 좋은 음식 냄새라도 그것은 사자의 몸 냄새처럼 바람을 거슬러 퍼지지는 못합니다.

부처님께서는 바람을 거슬러 퍼지는 다섯 가지 진리의 향기에 대해 말씀하십니다. 맑은 행위의 향기, 고요한 마음의 향기, 밝은 지혜의 향기, 걸림 없는 자유의 향기, 자유를 낳는 깨어 있음의 향기가 그것입니다.

계戒의 사전적 의미는 '삼가다' '조심하다' '경계하다'입니다. 글자의 생김새를 보면 사람들이 창을 들고 경계하면서 서 있는 모양을 하고 있지요. 부처님께서는 삶을 생각 없이, 살고 싶은 대로 살아서는 안 된다고 말씀하십니다. 왜 그럴까요? 담근 손을 스쳐 지나가는 강물처럼 우리들의 생각, 말, 행위는 매 순간 그것이 처음이자 마지막 순간이 되기 때문이지요. 그만큼 귀하고 소중한 순간들인 것입니다.

또한 삶은 습관의 흐름이기 때문입니다. 습관은 유전자처럼 자기 복제를 하는 강력한 힘을 가지고 있습니다. 사랑, 슬픔, 분노, 기쁨의 감정과 함께 떠오르는 삶의 다양한 장면은 우연히 찾아오는 낯선 길손이 아니지요. 그것은 자신이 길들인 습관의 그림자입니다. 그래서 부처님께서는 "지금 받는 과보를 두려워하거나 기뻐하지 말라. 지금 그대가 심고 있는 씨앗을 두려워하고 기뻐하라."고 말씀하셨습니다. 모든 내일은 오늘이라는 씨앗의 꽃이요, 열매입니다. 한순간의 말이, 한순간의 행동이, 한순간의 생각이 자신이 내일 맞을 행복과 불행의 씨앗이 되는 것입니다. 그러니 어찌 삼가고 조심해야 하지 않겠습니까.

계는 인도말로 '시라Sila'라고 합니다. 길, 본성, 습관이라는 뜻을 지닌 말입니다. 불교에는 사부대중의 위치에 따라 받아 지니는 다양한 계율이 있지요. 불자가 지켜야 하는 기본 오계와 팔계 그리고 출가대중이 지켜야 하는 십계, 250계 등이 그것입니다. 이웃 종교 인 기독교에도 십계라는 계명이 있습니다. 절대자와 인간 사이에 맺어진 약속을 그 내용으로 삼고 있습니다. 만약 인간이 이런이런 일을 실행하면 절대자는 이런이런 것을 보장해 주겠다는 계약인 것 이지요.

기독교에서 말하는 '죄罪'는 바로 인간이 신과의 약속을 어긴 사태 에서 발생한 개념입니다. 바빌로니아에 패배한 유대 백성들은 모 두 전쟁 포로가 되어 바빌로니아로 끌려갔습니다. 이 역사적 사건 에는 대단히 의미심장한 종교적 의미가 담겨 있다고 하지요. 동서 를 막론하고 고대의 전쟁은 신과 신의 전쟁이었기 때문입니다. 바 빌로니아에 멸망한 유대의 역사적 현실은 곧 유대의 신 야훼가 바 빌로니아의 신 마르두크에게 패배한 것을 뜻합니다. 하지만 신학 적 작업을 통해 무능한 신을 다시 살려 내고 정당화한 개념이 바로 '죄'인 것입니다. 그러니까 전쟁 패배의 책임은 신에 있지 않고 신과 의 약속을 어긴 인간들에게 있다는 것입니다.

불교의 계율은 누구와의 약속이나 계약이 아닙니다. 그것은 통찰 과 자각에서 비롯되는 주체적인 삶의 길이요, 빛입니다. 그것은 인간이면 응당히 가야 할 길이요, 회복해야 할 본성이요, 늘 새롭게 가꾸고 키워 가야 할 습관인 셈이지요. 우리가 산 생명을 죽이지 않는 것은 부처님이나 절대자가 그렇게 명했기 때문이 아니라 죽이지 않는 것이 죽이는 것보다 기쁘고 편안하고 평화로운 생명공동체를 만들어 가는 바른길이기 때문입니다.

불교의 계는 철저하게 자각과 자발성에 뿌리하고 있습니다. 누가 시켜서 지닌다거나 또는 무엇을 얻기 위한 수단이 아닙니다. 그것은 봄이 오면 곱게 피어나는 꽃처럼, 가을이 되면 붉게 물드는 나뭇잎처럼 자연스럽고 자발적으로 드러나는 삶의 방식이요, 길인 것입니다. 불교의 계는 인간의 본성입니다. 우리가 계를 받아 지니자고 하는 것은 잃어버린 본성을 기억해 내고 다시 회복하자는 말입니다. 계를 지키기가 어렵다는 것은 그만큼 자신의 본성을 등진 경사도가 가파르다는 소리가 됩니다.

우리는 계를 지키는 삶을 부정하고 심지어 조롱하는 황폐한 영혼의 시대를 살아가고 있습니다. 이런 시대에 우리 불자들은 "계는 그대가 돌아가야 할 그대의 본성이다. 그대의 본성으로 돌아가라. 그리하여 맑고 밝고 아름다운 삶을 당당하게 피워 내라."는 부처님의 가르침을 만난 것을 크나큰 행운으로 여겨야 할 것입니다. 이 도리를 아는 불자들은 눈먼 송아지가 워낭 소리를 따라가듯 아무런 생각도 없이 이미 굳어진 잘못된 업을 따라 나날을 그릇 보낼 수 없습니다. 자신의 상투적인 습관을 지켜보고 들여다보면서 살 때 삶에 빛이 생기고 개선과 향상이 있게 됩니다. 이것은 아리스토텔레스가 비상히 중시한 '관조하는 삶'의 태도이기도 합니다.

모든 향기는 외롭습니다. 계의 향기도 그렇습니다. 가야 할 길을 가는 사람, 회복해야 할 본성을 기억하는 사람의 삶에는 외롭지만 세상의 바람을 거슬러 퍼지는 미묘한 향기가 끊임없이 피어오릅니다. 영성과 도덕이 황폐해진 이 삭막한 시대환경이니만큼 계를 지키는 삶이 그만큼 외롭고 힘겨울 수 있겠습니다. 향불은 자기 몸을 태워 세상을 향기롭게 만들지요. 계를 지키는 삶도 그와 같습니다. 이제 우리는 부처님께 한 줄기 향을 올릴 때마다 스스로 이렇게 물어야 합니다. "내게 부처님을 기쁘게 해 드릴 계의 향이 있는가?" 또 이렇게 발원해야 합니다. "부처님, 저의 삶이 세상의 계향이 될 수 있도록 가피해 주소서."

눈동자 속 티끌 사라지니 하늘빛 선명하고

비구름 산 넘어가니 무지개 빛깔 고와라

깊은 밤 소쩍새 소리에 몽롱한 꿈을 깨니

마음속 온갖 일들 맑게 피는 연꽃 한 송이

마음은 인연 따라 수많은 빛깔로 나투나니

선도 아니고 악도 아닌 한 송이 마음꽃이네

나그네는 둥근달을 안고 서쪽으로 돌아가고

자비 눈으로 세상을 보니 눈 가득 정토일세.

탐진치 놓아 버리고 보니 그 모두 꿈속의 일

겨울 산 푸른 소나무 눈비 속에 더욱 싱그러워

맑디 맑은 차 공양 올리고 아침저녁 축원하니

산과 들에 자욱한 달빛 꽃잎마다 부처님일세.

위스퍼러

한 방송사에서 방영 중인 〈TV동물농장〉이라는 프로그램이 있습니다. 나뿐만이 아니라 많은 시청자들의 사랑을 받고 있는 동물 전문 프로그램으로 알고 있습니다. 제작에 따른 문제점이 전혀 없었던 것은 아니지만 동물에게도 감정과 의식이 있으며 그에 따른 최소한의 보호와 대접을 받을 권리가 있다는 사실을 일깨워 준 신선한 프로그램이라고 생각합니다. 이 프로그램은 우리 사회의 동물 배려를 위한 열악한 환경에 경종을 울렸고, 인간과 공유하는 동물의 감정 세계에 무지하기 이를 데 없는 빈곤한 우리의 영성을 되돌아보게 해 주었습니다. 사실 나는 이 프로그램을 볼 때마다 마치 엄숙한 방생의식放生儀式을 거행하고 있는 듯한 실감을 갖기도 했습니다.

보기 드문 장수 프로그램인 〈TV동물농장〉을 즐겨 보면서 나는 자연스레 동물과의 교감에 큰 관심을 두게 되었습니다. 그러다가 마침내는 내가 좋아하는 동물인 개의 감정과 생각을 훤히 꿰뚫어 알아 그네들과 교감을 나누는 '도그 위스퍼러dog whisperer'를 알게 되었습니다. 도그 위스퍼러란 개가 짖을 때 함께 짖지 않고 개가 왜 짖는지를 잘 살펴, 부드럽고 나직한 말과 몸짓으로 속삭이듯 교감하는 사람을 말합니다.

요즘은 '위스퍼러'란 말이 유행어가 되어 짐승들뿐만 아니라 심지어 '귀신 위스퍼러' 곧 우리 불교 말로 하면 '영가 위스퍼러'를 뜻하는 '고스트 위스퍼러ghost whisperer'까지 등장한 판국입니다. 내가 알기로 위스퍼러라는 단어가 이런 의미로 처음 쓰인 것은 1955년에 미국인 작가 니컬러스 에번스가 펴낸 『말 위스퍼러The Horse Whisperer』인 것 같습니다. 이 책 주인공의 모델은 세 살 때부터 말과 함께 살아온 벅 브래나먼으로 미국 몬태나주의 말 조련사입니다. 언젠가 이 사람의 대담을 본 적이 있는데 이런 말이 기억에 남습니다. "당신의 말은 당신을 비추는 거울이다(Your horse is a mirror to your soul)." 또 말썽꾸러기 말을 데려온 말 주인에게 이렇게 말하기도 했습니다.

"이 말은 내게 당신에 대한 많은 것을 이야기해 주는군요."

불교에서는 우리의 다양한 마음 상태를 동물에 빗대어 은유적으로 설명하기도 합니다. 예를 들면 욕심은 독사든 전갈이든 다 먹어 치우면서 자신의 아름다움과 권위를 뽐내는 공작새에, 성냄은 사소한 일에도 욱하고 불길을 토해 내는 뱀에, 어리석음은 죽어서도 웃고 있는 돼지에 빗대는 것이 그것입니다. 사실 인간의 행복과 불행은 누가 주거나 우연히 생겨나는 것이 아니라 공작새 같고 뱀 같고 돼지 같은 안팎의 마음을 스스로 어떻게 이해하고 관리하느냐에 달려 있습니다. 비추어 보면 우리는 화내는 안팎의 언행에 대해 성냄으로 단순 반응하기가 쉽습니다. 이것은 도그 위스퍼러 시저 밀란의 말대로라면 '짖는 개를 향해 함께 짖는 어리석은 행동'이 됩니다. 이런 이해와 태도로는 불행을 몰고 오는 공작, 뱀, 돼지의 거친 발광을 잠재울 수가 없습니다. 여기에 삼독三毒의 소리를 정확히 듣고 삼독이 나의 그림자임을 잘 알아 그 삼독과 소통할 수 있는, 곧 '삼독 위스퍼러'라는 지혜와 방편이 필요하게 되는 것입니다.

벅 브래나먼의 별명은 '카우보이 선사禪師'입니다. 문제의 본질을 간파하는 무서운 직관력이 있어야 선사라고 불릴 수 있습니다. 그는 이런 말[馬] 법문을 합니다. "말이 바라는 것은 평화와 자유다. 이것을 이해하고 존중해 줄 때 당신은 말과 함께 아름다운 춤을 출 수 있다. 왜 당신은 타고난 말의 좋은 점을 빼앗은 뒤 고작 사람처럼 만들려고 하는가! 제대로 된 카우보이가 되기란 제대로 된 의사가 되는 것보다 시간이 오래 걸린다." 소설가 데이비드 허버트 로렌스는 그의 저서 『세인트 모어St. Mawr』를 통해 인간의 진부한 언어 세계와 지성이 손닿지 않는 찬란한 말의 평화와 자유를 노래하고 있지요.

흔히 말을 길들인다는 표현을 영어에서는 '말을 부러뜨린다break a horse'라는 말로 표현하는데, 벅 브래나먼도 로렌스처럼 신비로운 불길 같은 말의 천성이 상투적인 인간의 욕망에 의해 파괴되는 것을 슬퍼하고 있습니다. 이것은 삶의 청정성淸淨性이 인간의 집착된 분별 때문에 제 기능을 상실하게 된다는 경전 말씀을 떠올리게 하는 대목이기도 합니다. 사실 청정성이란 언어로 다듬어지고 수식된 그 무엇이 아니라 원초적이고 야성적인 평화와 자유 같은 것일지도 모릅니다. 그도 그럴 것이 옛 선사들의 어록은 강렬한 야성의 메아리로 넘쳐나고 있지요.

현재 지구상에 존재하는 야생마는 몽골 초원에서만 찾아볼 수 있다고 합니다. 몽골 사람들은 말을 가장 잘 알고 말과 가장 잘 놀 줄 아는 '말 선지식善知識'들이지요. 그들은 말을 부를 때 '세인트 모어'처럼 이름으로 부르지 않고 색깔로 부릅니다. 그런데 그 색깔이 자그마치 3백여 가지에 이른다고 하니 실로 놀라운 일이지요. 이 한 가지 사실만 봐도 몽골 사람들이 말을 얼마나 세심하게 이해하고 있는지를 알 수 있습니다. 말은 은은하고 깊은 풍경 소리 같은 울음 소리를 낼 뿐 이 밖의 빛바랜 딴 소리를 만들어 내지 않습니다. 또 큰 소리로 부르거나 외치면 말은 되레 들으려 하지 않고 겁을 내지만, 들릴 듯 말 듯 속삭이면 가만히 서서 귀를 기울인다고 하지요. 스마트폰에 중독되어 빠르고 강한 자극에만 반응하고 느리고 부드러운 소리에는 반응하지 못하는 요즘 아이들과는 반대인 셈입니다.

일본의 국민 작가인 시바 료타로[司馬遼太郎]는『언덕 위의 구름』에서 러일전쟁 당시 가장 중요한 전투였던 봉천전투[奉天戰鬪]를 승리로 이끈 아키야마 요시후루[秋山好古]에 대해 매우 실감나는 기술을 하고 있습니다. 요시후루는 일본군 기마병의 연대급 사단장으로 세계 최

강으로 불리던 러시아의 카자크 기병대를 무찔러 당시의 세계 전술가들을 놀라게 한 전설적인 명장이지요. 이 사람은 많은 기행을 연출한 것으로도 이름이 높은데, 나이가 들자 전쟁과 군대를 싫어해 원수 승진을 마다하고 자신이 태어난 시골로 내려가 중학교 교장으로 있다가 세상을 떠났습니다. 흥미로운 것은 그가 교장으로 있을 때 전쟁이나 군대 이야기를 전혀 입 밖에 내지 않았을 뿐만 아니라 "학생은 군인이 아니다."라고 하며 학교에서 행하던 교련에 반대했던 것과, 덴마크의 농업과 민주주의를 크게 제창했다는 점입니다. 이것은 어쩌면 말과 속삭일 줄 아는 근원적인 힘을 얻어 세상의 허무한 목표와 집착을 벗고 평화롭고 자유로운 삶을 지향한 그의 삶의 한 면모일지도 모릅니다.

마두관음馬頭觀音이라는 보살님이 계십니다. 말 머리를 하고 중생 특히 축생들을 제도하시는 여섯 관음 가운데 한 분이지요. 축생을 제도하려면 자신이 먼저 축생이 되어야 합니다. 그래야 자비관음이라 할 수 있습니다. 자신이 축생이 된다는 말은 축생의 생각과 감정에 공경히 귀를 기울인다는 말입니다. 마두관음은 여느 짐승들과 함께 무명無明의 풀을 뜯어 먹으며 팔풍八風의 바람을 뚫고 질주합니다. 그러면서 중생의 온갖 번뇌를 맑히고 죽음의 두려움을 없애며 하늘나라를 우러르는 집착마저 여의게 합니다. 그러니 마두관음이야말로 요즘 세상에 회자하는 '말 위스퍼러horse whisperer'의 본존本尊인 셈입니다.

생각해 보면 이 시대야말로 개인과 사회를 가릴 것 없이 위스퍼러의 존재가 절실히 필요한 시대라고 할 수 있습니다. 가난하거나 부유하게 사는 것이 아니라 자유롭고 평화롭게 사는 삶이 중요합니다. 그래야만 나날이 얄팍해지고 하찮아지는 인간관계를 의미 있고 생기 넘치는 관계로 전환시킬 수 있습니다. 그러자면 먼저 밖의 소리든 안의 소리든 공경히 듣는 귀를 열어야 합니다. 그리고 그 소리에 담긴 커다란 한숨 그리고 큰 슬픔과 더불어 작지만 실질적인 속삭임을 나눌 수 있어야 합니다. 태어나고 죽어 가는 생명에게 상처를 주는 사회는 살 만한 사회가 아닙니다. 모든 이들의 처지를 공경히 듣고 함께 속삭일 줄 아는 관용이 그 어느 때보다 필요한 시대입니다.

웃음은 당신을 새롭게 태어나게 합니다.

당신이 짓는 미소는 모두를 행복하게 합니다.

당신의 미소 띤 얼굴은 꽃처럼 아름답습니다.

웃음은 나와 남을 구분하지 않습니다.

당신의 웃음은 하늘과 땅을 놀라게 합니다.

당신의 미소는 늘 복을 불러오게 합니다.

웃음은 당신을 성공으로 이끄는 어머니입니다.

당신의 미소는 새로운 희망이고 끈이며 연줄입니다.

당신의 미소는

눈뿌리, 귀뿌리, 코뿌리, 혀뿌리,

몸과 생각의 뿌리에 푸른빛을 더해

가을의 풍성함과

아픔 없는 아름다운 세상을 만듭니다.

당신의 미소는

가을을 영글게 합니다.

천진스러운 하늘빛

길상한 들바람 속에

향기 있는 웃음과 눈물을 수확하는 날,

무지개구름 온 삶을 감싸니

경사 났네 경사 났네.

당신의 미소는

다시 씨알이 되어 노래합니다.

옴 아모카 살바다라 사다야 시베 훔

교과서를
넘어서

　오십대 한국 아주머니 한 분이 미국 여행을 하다가 교통사고를 당했답니다. 길 위에 쓰러져 꼼짝을 못하고 누워 있는 아주머니에게 급히 달려온 교통경찰관이 물었어요. "하우 아 유(How are you)?"라고 말입니다. "안녕하세요?"라는 뜻이지요. "하우 아 유?"가 아니라, "괜찮냐?"는 뜻으로 "아 유 오케이(Are you OK)?" 뭐 이렇게 물었어야 할 것 같은데 아무튼 미국 교통경찰관은 그렇게 말했다고 합니다. 그런데 더 이해가 안 되는 것은 아주머니의 대답입니다. "아임 파인. 땡큐. 앤드 유(I'm fine, thank you, And you)?"라고 했다는데, "좋아요, 고맙습니다. 당신은요?"라는 뜻이지요. 우리가 학교 교과서에서 배운 영어 그대로가 아닙니까?

이 이야기는 설정된 상황과 그 안에서 오간 대화 내용을 관련 지어 생각해 볼 때 아무래도 실제로 일어난 일 같지는 않습니다. 부상 당한 미국 조종사와 마을 영어 교사 사이에 벌어지는 내용을 담은 영화 〈웰컴 투 동막골〉의 한 장면을 떠올리게도 하지요. 추측건대 이 이야기는 사실이기보다는 교과서에 점령당한 현대인들의 허구적 삶의 단면을 극적으로 드러내고자 하는 해학諧謔 내지는 풍자諷刺라 할 수 있을 것 같습니다.

다 알고 있듯이 교과서는 학교에서 학생들을 가르치기 위해 사용하는 학습 교재입니다. 대부분의 사람은 '마땅히 배워야 할 지식 정보를 과정에 맞게 체계적으로 정리해 놓은 책이 교과서'라는 생각을 가지고 있습니다. 공적이고 보편적인 지식 전달의 매체이니 당연히 그래야 되겠지요. 하지만 일부 교육학자나 현장에서 아이들을 가르치는 교사들의 이야기를 들어보면 꼭 그런 것만은 아닌 것 같습니다. 그분들은 교육을 주도하는 교육 주체의 의지와 목적에 따라 잘못된 현실 인식을 심어 주거나 진실을 왜곡시킬 위험성이 있을 수 있다는 점을 지적하기도 합니다. 이렇게 되면 학교나 교과서는 특정 계층이 대중 일반을 길들이기 위한 그릇된 수단으로 이

용될 수도 있을 것입니다.

근대적 학교 제도가 형성되던 19세기 말에 적지 않은 사상가와 정치가들은 학교를, 필요한 제품을 대량 생산하는 공장에 비유했습니다. 학교는 국가가 필요로 하는 인적 자원을 대량 생산해 내는 공장이라는 것입니다. 그들의 말이 현실화되어 버린 탓인지 아니면 불가항력적인 대세에 아예 체념한 탓인지 우리 둘레에는 모욕적이고 거친 교육 현실에 직면해도 나서서 문제 제기를 하는 이들이 그다지 많아 보이지 않습니다. 하지만 분명한 사실은 날로 삭막해져 가는 인정과 영혼 없는 세태의 흐름이 잘못된 교육의 그림자요, 메아리임이 명백해지고 있는 현실입니다.

절 마당에 자라는 잡초를 뽑는 일은 이렇다 할 재능이 별로 없는 내게는 유일한 취미생활이기도 합니다. 그래서 호미를 사러 가끔 시장에 들르는데, 아무리 둘러봐도 그 옛날 할머니 손에 쥐여져 있던 호미는 찾아볼 수가 없습니다. 대장간의 대장장이가 만든, 책임감과 자부심으로 빛나는 호미, 위엄과 정겨움이 서려 있는 그런 호미 말입니다. 나는 얄팍하고 날카롭기 그지없는, 공장에서 대량으로 생산해 낸 요즘의 호미를 볼 때마다 질質이 죽어 버린 현대문명의 얼굴과 천박한 산업사회의 업業을 어김없이 실감하고는 합니다. 그래서인지 호미 사는 일이 예전처럼 유쾌하지 않을 뿐만 아니라 더러는 마음이 서글퍼지기까지 합니다.

〈부시맨〉이라는 영화가 있습니다. 이야기가 시작되기에 앞서 짧은 해설 부분이 나오지요. 영화는 이 대목에서 현대 산업기술 문명을 보는 부시맨들의 관점이 무엇이겠는가를 자문한 뒤 '고작 먹고 살기 위해 십수 년의 세월을 학교에 바치는 이상한 문명'으로 정리했던 것 같습니다. 영화 〈부시맨〉은 학교 교육의 또 다른 문제점을 지적하고 있습니다. 그것은 바로 삶의 현장성을 상실한 교육의 실태입니다. 학교는 실제적인 삶의 현장과는 철저히 차단된 공간에서 교과서를 통해 죽은 지식을 체계적으로 전달합니다. 자발적인 의욕과 자연스러운 호기심에서 발동된 학습이 아니기에 팔팔해야 할 학생들의 삶은 삭막하기 그지없는 교실과 교과서 속에서 극도로 소외되기 마련입니다.

나는 학교나 교과서가 획일적이고 반일상적인 역기능만이 아니라 삶을 살리고 문명을 기르는 순기능도 할 수 있음을 믿고 싶습니다. 다만 그 한계와 문제점을 분명히 알아 잘 극복할 수만 있다면 말입니다. 불교 또한 사찰이라는 학교와 경전이라는 교과서를 가지고 있지만 궁극적으로 그것 너머에 있는 '지금 여기'서 이루어지는 앎과 체험을 학습의 생명으로 여깁니다. 이런 불교 교육의 전통을 선종에서는 '경전 밖에서 주고받는 공부' 즉 '교외별전教外別傳'이라고 합니다. 다시 말해 삶의 완성은 막연한 목표가 아니라 '지금 여기'의 삶에 만족하는 순간들의 흐름 속에 있다는 것입니다.

언제인가 어떤 거사님이 고교 시절의 급훈이 '감투'였다고 말해 크게 웃은 적이 있습니다. 달리 생각해 보면 이것은 너무 노골적이고 거친 표현일뿐더러 이 시대 학교 교육의 목적을 가장 적나라하고 실감나게 드러낸 것 같아 이내 씁쓸한 감이 들기도 합니다. 학교를 통해 청소년기에 심어진 맹목적인 감투 추구의 학습 욕구는 결국 살벌한 경쟁 사회라는 악의 꽃을 피우게 됩니다. 물론 경쟁 자체가 반드시 나쁘다고 할 수는 없을 것입니다. 때에 따라서는 일의 효율성을 높이는 한 가지 방법이 될 수 있기 때문입니다. 다만 경쟁을 통해 얻어 낸 사회적 결실을 함께 나눌 수 있는 감수성과 실천을 동반한다면 말이지요.

대부분의 사람들은 저마다의 분야에서 감투를 추구하며 살아가고 있습니다. 그들은 감투를 얻지 못한 삶이란 의미도 가치도 없는 하찮은 인생이라고 여깁니다. 이것은 불교적 삶이 아닙니다. 불교적 삶은 뛰어난 엘리트나 특별한 전문가가 되는 데 있지 않습니다. '행역선좌역선 어묵동정체안연行亦禪坐亦禪 語默動靜體安然'이라는 법문이 있습니다. 가도 감투 생각이 없고 앉아도 감투 생각이 없으니, 말을 해도 침묵을 해도 행복하기만 하다는 뜻이죠. 이렇게 더없이 행복한 삶을 '본래면목本來面目'이라고도 하지요. 본래면목이란 일체의 수식어가 다 떨어진 자리입니다. 참으로 행복한 사람은 어떤 수식도 필요 없는, 다만 있는 그대로의 존재 자체를 만족해하고 기뻐할 뿐입니다. 이 자리를 얻은 불자는 이래도 노래하고 저래도 춤을 춥니다. 또 그럼에도 불구하고 일을 하고 저럼에도 불구하고 단잠을 잡니다.

　제도화된 학교와 획일화된 교과서를 통한 교육은 자발적인 학습 의욕과는 상관없이 이루어지는 것이기에 자칫 의미 없는 고통만을 키워 나가기 쉽습니다. 감투를 향해 내달리는 공부는 사고력과 비판 능력을 마비시키고, 불필요한 죽은 기억을 쌓아 갈 뿐입니다. 이런 교육은 삶이 펼쳐지고 있는 현장과는 상관이 없는, 기억된 죽은 지식만을 앵무새처럼 토해 내게 합니다. "아임 파인. 앤드 유?"라고 말입니다. 노벨문학상을 받은 『정글북』의 저자 러디어드 키플링은 제1차 세계대전 때 시력이 약해 신체검사에서 낙방한 아들을, 알고 지내던 장군을 통해 전선으로 보냅니다. 그는 아들이 전사하자 교육을 통해 길러진 맹목적인 자신의 애국심을 돌아보며 이런 시를 씁니다. "우리가 왜 죽었는지 누군가 묻는다면, 그들에게 말해 주오. 우리의 아버지들이 거짓말을 했기 때문이라고."

부처님께서는 생활공간을 교실로 삼으시고 몸과 마음으로 교과서를 삼으셨던 분입니다. 그리하여 매 순간순간 조건 지어진 관계의 흐름을 확인함으로써 완성된 삶을 살아 내셨던 분입니다. 이 탁월하신 삶의 스승이신 본사本師 석가모니 부처님께서 만약 "하우 아유?"라고 물으신다면 여러 불자님들은 어떻게 대답하시겠습니까? "가도 감투 생각이 없고 앉아도 감투 생각이 없으니, 말을 해도 침묵을 해도 행복하기만 합니다!"라고 사뢸 것입니까? 그러지 마십시오. 이것 또한 "아임 파인. 앤드 유?"와 다를 바가 없는 앵무새 말이

기 때문입니다. 그럼 무엇이라고 사뢸 것입니까? 교실 아닌 교실에

서 교과서 아닌 교과서로 그 답을 알아내도록 합시다.

맑은 달 그윽이 별을 토하니

꽃은 붉게 마음 향기로

인연에 응하여 솔바람 불어오네.

안개 노을 속에서 길 찾아

옛 석등 찾아 촛불 밝히니

어두웠던 세상 순간 밝혀

맑은 풍경 소리 벗 삼아 오르니

그곳에 부처님 계시네.

이슬과 아지랑이 아련히

피어오르는 옛 계향실에서

다디단 석간수 떠다 차 달이니

그 맛이 새롭구나.

산마루 옛 구름 걷히니 황금미소

불보살님 나투신 곳

매화꽃 눈처럼 희니

천년 향기가 가득하네.

이끼 낀 옛 향로 닦고 닦으니

맑은 향기 온 누리에

기나긴 겁 동안에 짓고 쌓은 죄

봄눈 녹듯 사라지네.

층층이 쌓은 대탑에 오르니

발아래 은하수 반짝 빛나

한 쌍의 새가 노래하니

염불 소리 천년의 향기 되었네.

마음의 달을
연모하는 삶

"봄은 아침에 피는 꽃이요, 가을은 저녁에 뜨는 달이다[春朝花秋夕月]."라고 했습니다. 꽃이 피는 아침이 좋아 봄이요, 달이 뜨는 저녁이 좋아 가을이라는 소리일 것입니다. 『예기禮記』에 나오는 말이지요. 절기가 늦은 탓인지 지난해엔 때 이른 추석 달이 떠오르고 만만치 않은 늦더위가 기승을 부리기도 했습니다. 뜨거운 태양의 열기는 생물이 생장하는 데 없어서는 안 될 중요한 요소임이 틀림없습니다. 하지만 이것도 너무 강하면 오히려 생명의 생장을 방해하거나 심지어는 죽음에 이르게까지 하지요. 이렇게 달아오른 열기를 식혀 휴식과 생기를 되찾게 해 주는 것이 바로 고요한 밤이요, 시원한 달입니다.

밤과 낮은 자연계에만 있는 현상이 아니지요. 그것은 우리들 일상 속에 엄연히 존재하고 있는 삶의 기본 배경입니다. 치열한 열정과 의지가 삶의 낮이라면 크게 놓아 버림과 휴식은 삶의 밤입니다. 밤과 낮이 서로 바뀌면서 온갖 생명을 낳아 기르듯이 우리는 열정과 놓아 버림, 의지와 휴식의 균형 잡힌 조화를 통해 활기차고 평온한 삶을 이룰 수 있습니다. 그러니 우리 불자들은 늘 자신의 삶 속에 온갖 꽃을 피우는 열정의 낮이 있는지 그리고 과열된 심신을 식혀 주는 서늘한 달밤이 있는지를 주의 깊게 살펴봐야 하겠습니다. 삶에서 발생하는 온갖 문제와 괴로움들 치고 여기에서 빚어지지 않는 것이 매우 드물기 때문입니다. 특히 채우고 획득하려는 뜨거운 욕구 일변도의 거친 열기는 현대인들이 공유하고 있는 가장 두드러진 격정 가운데 하나라고 하겠지요.

생각해 보면 채움을 향한 열정도, 비움을 향한 의지도, 방식과 모양만 다를 뿐 그것이 모두 욕망에 근거하고 있음이 분명해 보입니다. 중요한 것은 욕망을 죄악시하거나 부정시하는 것이 아니라 그것에 집착하지 않는 자유로움과 여유입니다. 우리가 평소 호흡을 할 때 너무 많이 들이마시거나 너무 완벽하게 내쉬려고 하면 숨 쉬기가 자연스러움을 잃게 되어 끝내는 심각한 병까지 얻게 되지요. 호흡은 살고자 하는 욕망으로 동력을 삼습니다. 하지만 그 살고자 하는 욕망이 집착함이 없는 욕망이 될 때 호흡은 비로소 그윽한 깊이와 편안함을 동반하게 됩니다. 욕망은 생명을 유지하려는 존재의 찰나적 신호입니다. 만약 신호의 찰나적 무상성을 살피지 못하고 그것을 억지로 영속시키려고 하면 몸과 마음은 이내 조화를 잃고 뭇 삶들과의 공생 능력도 쉬 잃어버리게 될 것입니다.

"더위 먹은 남쪽 나라의 물소는 떠오르는 달을 보며 비로소 제 숨길을 되찾는다."는 말이 있습니다. 사실 어떻게 보면 부처님의 가르침이란 별스러운 것이 아니라 집착된 욕망으로 달아오른 삶의 숨길을 식히고 안정시켜 주는 영약이랄 수 있지요. 어디 부처님 가르침뿐이겠습니까. 모든 종교와 성자들이 밝힌 가르침의 낙처落處도 바로 여기에 있다고 할 것입니다. 집착으로 타오르는 목마름을 애달프게 여기고 여기에서 벗어나고자 단호하게 머리를 돌리는 님을 '불자佛子' 또는 '청정한 복淨福을 누리는 사람'이라고 합니다. 예수님도 "애통해하는 사람에게 복이 있다. 이런 사람은 위로를 받게 될 것이다."라고 했지요.

몇 해 전 여름, 한국을 방문한 프란치스코 교황은 광화문을 가득 메운 교인과 군중들이 지켜보는 가운데 믿음을 위해 목숨을 바친 123위의 순교자를 위한 시복식諡福式을 올렸습니다. 시복식이란 교황의 이름으로 '참으로 복을 받은 신의 아들딸'임을 공인해 주는 의식이라고 합니다. '특정 종교의 특별한 종교의식을 하필이면 다종교 국가의 심장부에서 그것도 공개적으로 거행해도 되는가.' 하는 의견이 없었던 것은 아니지만, 교황이 보여 준 언행이 많은 사람들에게 강한 신선감과 깊은 감동을 준 것 또한 사실입니다. 그의 언행은 듣던 바대로 자본과 정치 권력에 짓눌린 대중 다수를 깊이 감싸 안았고 그것의 본질을 예리하게 지적하는 것이었습니다. 만약 그에게 이런 면모가 없었다면 광화문의 거대한 행사는 여느 때처럼 정치와 종교가 합작한 요란한 퍼포먼스에 지나지 않았을 것입니다.

그러나 냉철히 생각해 보면 교황이 보여 준 그런 면모들은 특별한 것이라기보다 성직자라면 누구나가 지녀야 할 가장 기본적인 자질이요 품덕이라 할 수 있습니다. 특별한 것은 오히려 청빈, 겸손, 연민, 의로움 같은 지극히 당연한 성직자로서 교황의 언행 앞에 종교 대중은 말할 것도 없고 거의 모든 사람들이 놀라고 숙연해진, 비

정상적인 우리 사회의 현재적 자화상일 것입니다. 프란치스코 교황은 교황 환상이 사라진 오늘날에도 여전히 세계에서 가장 거대한 종교 조직의 수장으로서의 막대한 권위와 영향력을 가지고 있습니다. 그런 위치에 있는 그가 보여 준 행보는, 거짓과 폭력이 지배하는 남루한 우리들의 삶터를 잠깐 스쳐 지나간 한 줄기 신선한 바람이었는지도 모릅니다.

제주도 조천읍 바닷가에는 '북녘을 연모하는 정자' 곧 '연북정戀北亭'이라는 정자가 있습니다. 조선시대, 죄가 있건 없건 한양에서 3천 리 밖으로 내쫓긴 유배인들과 파견된 관리들이 전라도 강진에서 배를 타고 거친 바다를 넘어 도착했던 반도 최남단의 대표적 유적지입니다. 보우 대사와 지안 선사가 당시의 자폐적 지식인들에 의해 죄인의 누명을 쓰고 어이없게 순교하신 현장도 바로 이곳이지요. 제주로 파견된 제주목사나 정배살이를 하던 유배객들은 때때로 이 정자에 기대앉아 망연히 먼 바다를 바라보며 북녘에서 오는 은혜로운 승진이나 해배解配 소식을 하염없이 기다렸다고 합니다. 더 말할 것도 없이 '연북정'의 북녘은 임금으로 상징되는 정치 권력을 뜻합니다. 그러니까 그 시절, 이 정자에 앉아 먼 바다를 바라보던 사람들은 한시바삐 정치 권력을 회복해서 입신양명立身揚名을 하고 원수도 갚는, 그런 간절한 꿈을 끝도 없이 꾸었던 것이지요.

추사 선생이 기름기가 사라진 추사체를 완성한 곳 또한 제주도의 서쪽에 자리한 대정이라는 고을입니다. 선생은 위리안치圍籬安置, 곧 집 밖으로 나갈 수 없는 중죄인의 신세였는지라 연북정에 걸음할 일은 없었을 것입니다. '대정' 하면 많은 사람들이 1901년에 일어난 '이재수의 난'을 떠올립니다. '신축교난'으로도 알려진 이 민란의 진상에 대해서는 교난사 또는 민중사적 사건으로 보는 시각 등 저마다 보는 입장에 따라 그 규명을 달리하고 있습니다. 그럼에도 가장 설득력 있는 주장은 이 민란을 천주교가 유입됨으로 해서 지역의 권력 관계와 사회 관계에 발생한 격렬한 분열 현상으로 보는 고찰입니다. 당시 조선에서 활동하던 서양 신부들은 외세에 굴복한 고종高宗이 '왕을 대하듯 대하라[如我待]'라고 명시한 신분증을 소지하고 있었다지요. 그래서 교회는 치외법권을 가지고 적극적이고 의욕적으로 선교 활동을 펼칠 수 있게 됩니다.

조정의 내장원에서 제주도로 파견된 봉세관인 강봉헌은 스스로

가톨릭에 입교한 뒤 일부 교도들을 앞세워 가혹한 징수책을 강행했습니다. 이재수의 난은 천주교도의 가혹한 세금 징수와 방약무인한 폭력 행위가 일상화되자 이에 격분한 민인들이 살길을 찾아 일어난 자발적이고 자구적自求的인 민중항쟁이었던 것입니다. 약관의 관노官奴였던 이재수가 선봉장이 된 이 민란으로 악행을 저지른 가톨릭 교인들만이 아니라 많은 수의 무고한 교인들이 목숨을 잃었습니다. 이재수의 난은 그 역사적 조건과 형세가, 교회의 악폐와 서구 자본의 침투로 발생한 토착적 삶의 파괴에 저항해 1899년에 일어난 중국의 '의화단義和團 운동'과 흡사한 일면이 있지요. 난이 평정된 뒤 이재수는 서울로 압송되었고 사형을 언도 받았습니다. 이재수는 죽기 전 이렇게 절규했다고 하지요. "나라를 망치는 역적을 죽인 내가 도리어 왜 역적이 되어야 하는가!"

전제적 신념이나 가치가 군림하는 사회는 인간다운 삶을 누리기에 마땅한 삶터랄 수 없습니다. 예전에는 종교나 정치권력이 전제적 삶을 양산하는 주체였지만 오늘날은 돈으로 상징되는 기술과 자본이 완벽하게 그 역할을 대행하고 있습니다. '연북정'은 유형문화재로나 남아 있는 역사적 유물이 아닙니다. 그것은 오늘날에도 현대판 권력 지향적 꿈돌이들에게 거친 꿈을 제공하고 있는 살아 있는 자본과 기술의 신전입니다.

불교의 백천 가지 삼매 가운데는 '달 사랑 삼매' 곧 '애월삼매愛月三昧'가 있습니다. 밝고 둥근 가을 달을 구름이 가리면 볼 수 없듯이 평화롭고 시원한 마음의 달 또한 마찬가지입니다. 마음의 달을 가리는 구름장은 무엇인가요? 그것은 욕망 자체가 아니라 욕망의 지속을 욕망하는 집착입니다. 엷어진 집착의 구름장을 물들이는 마음의 달빛, 그 구름장 사이로 언뜻언뜻 얼굴을 내비치는 마음의 달을 사랑할 줄 아는 님이야말로 참으로 복을 누리는 진정한 복자福者라고 하겠습니다. 복을 누리는 님이 되는 길은 어렵고 고난에 찬 길이 아닙니다. 그것은 북녘이라는 권력을 그리는 정자가 아니라 마음의 달을 연모하는 정자를 기쁨의 원천으로 삼을 때 열리는 평화롭고 벅찬 가피의 빛입니다. 나무 월광보살마하살!

인연

봄 여름 가을 겨울 사계절 참 좋은 인연

꽃 피고 비 내리니 순박한 봄이고

여름 가을 산은 오색 옷

동령에 춤추는 흰 눈 오가는 일

인연에 맡기니 늘 풍요롭네.

돌탑에 피어나는 서리꽃 솔잎 끝에 있고

매화꽃 코끝에서 피고 열매는 시어도 다네

야생국화 오솔길 따라 마음에서 꽃 피니

은빛 세상 뛰놀던 멍멍이 눈사람 되었네.

만남 헤어짐 사랑은 슬퍼할 일 아니네

오가던 길 멈추고 돌아보라 누가 있는지

무엇을 걱정하랴

인과 연의 꽃을 본다면

미소 가득하고 행복한 정토가 바로 이곳.

삶의 개안開眼

중국 저장[浙江]성에 한 기업가가 있었는데 갑작스러운 사고로 수백 억대의 재산을 남기고 그만 세상을 떠났습니다. 그는 아직 일할 수 있는 젊은 나이였습니다. 그의 아내는 남편의 차를 몰던 기사와 재혼을 했습니다. 전 회장의 아내와 결혼을 한 기사는 이런 말을 했습니다. "회장의 차를 몰 때 나는 회장을 위해 일하고 있다고 생각했다. 그러나 지금 생각해 보니 그가 나를 위해 일하고 있었다."

우리는 대개 자신을 위해 열심히 산다고 생각하지만 갑작스러운 사고는 막기가 쉽지 않습니다. 참으로 어처구니없고 잔혹한 삶의 현실이기도 합니다. 이런 삶을 경전에서는 '종일토록 남의 돈을 세는 삶' 곧 '종일수타전終日數他錢'이라 말씀합니다.

중세에 살았던 서양 사람들은 "질병은 신의 처벌이요, 치유는 신의 은총이다."라고 믿었습니다. 우리 불자들은 그렇게 말하지 않습니다. "병은 어리석음의 열매요, 치유는 개안開眼의 꽃이다."라고 말해야 합니다. 삶은 좋고 나쁜 수많은 상황들의 거친 흐름입니다.

우리는 좋은 상황에 끌리는 시금치 불자가 되거나 나쁜 상황에 끌리는 달걀 불자가 되기 일쑤입니다. 이것은 끊임없이 번뇌를 발생시키는 평화롭지 못한 삶입니다. 하지만 좋아하거나 싫어하는 마음 없이 상황의 본질을 지켜보는 이에게는 지혜와 기쁨이 발생하는 전혀 새로운 삶이 열립니다. 이른바 녹차 불자의 삶이 바로 이것입니다. 삶의 문제를 바르게 지켜보는 가운데서 풀지 않고 그 해결점을 밖에서 찾아 헤맨다면 우리는 별 수 없이 갑자기 세상을 떠난 기업가처럼 되고 맙니다. 이는 '종일 남의 돈만 세고 있는 삶'의 전형입니다.

지난 생 나의 삶을 알고자 한다면

현재 내가 받고 있는 삶을 보면 알고

오는 생 나의 삶을 알고자 하면

지금 내가 하는 일을 보면 안다네.

삶 속에 탐욕과 분노 어리석음의 세 가지 독이

마음에 늘 일어나고 있다면 그곳이 지옥이요

삶 속에 지혜와 빛과 자비꽃이 몽실 피어나면

서 있는 그곳이 안락하고 행복한 극락이라네.

콩 심은 데 콩이 나고 팥 심은 데 팥이 나듯

자기가 짓고 자기가 받는 인과는 틀림없다네

윤회의 뿌리 욕망과 분노 어리석음을 놓아 버리면

과거나 현재 미래 삼생의 윤회를 무얼 걱정하랴.

어제 오늘 내일도 지옥과 극락이 둘이 아니니

마음 쓰고 서 있는 그곳이 바로 이곳이라네.

만卍 자의 말씀

　부처님의 가르침을 만자설卍字說이라고도 합니다. 이렇게 부르게된 까닭은 잘 알 수 없지만 그것은 만卍이라는 상징기호가 지니고 있는 특별한 의미와 관련이 있는 것처럼 보입니다. 이 기호의 발생 연대를 거슬러 올라가면 그 기원이 문자, 음악, 미술 같은 여느 기호보다 더 오래된 것으로 추정되고 있고, 키르기스스탄 사이말루이 타쉬의 청동기시대 암각화에서 보듯 우주나 삶에 대한 심오한 관점을 눈으로 볼 수 있도록 형상화한 종교, 철학적 심벌로 널리 알려져 있습니다. 『화엄경음의華嚴經音義』에 따르면 만卍이 중국에서 문자가 되어 자전에 등록된 것은 당대 측천무후 장수長壽 2년인 서력 693년의 일로, 소리는 만萬으로 읽고 뜻은 '상서로운 온갖 덕이 응결된 곳'으로 하기로 했다고 합니다. 뒤로는 가슴 만 또는 일만 만으로 읽히게 되었습니다.

만卍을 산스크리트로는 '스와스티카Svastika'라 하는데 이 말은 길상吉祥이나 기쁨과 같은 뜻을 담고 있습니다. 모양새에는 오른쪽으로 도는 우만자와 왼쪽으로 도는 좌만자 두 가지가 있습니다. 우리나라와 일본에서는 오른쪽으로 도는 모양새를, 중국에서는 왼쪽으로 도는 모양새를 주로 쓰고 있습니다. 부처님께서 첫 가르침을 펴신 사르나트 녹야원의 아소카대왕이 세운 큰 탑에 새겨져 있는 만卍의 모양새는 왼쪽으로 도는 좌만자입니다. 어쨌든 그 모양새를 가만히 들여다보면 시공時空을 들이삼키고 토해 내는 회오리바람 같기도 하고 해맑게 피어오르는 빛샘 같기도 하고 거대한 오로라빛의 소용돌이 같기도 하여, 그것을 바라보는 것만으로도 몸과 마음이 절로 달라지는 듯한 느낌이 들게 하기도 합니다. 하기는 내가 인도 성지 순례를 할 때 읽은 어느 책에서는 만卍을 '기쁨의 샘', '우주의 기원', '창조와 소멸의 에너지' 같은 뜻으로 풀이했던데 만약 이 말이 옳다면 그것을 바라보는 이들이 특별한 느낌을 갖게 되는 것은 너무나 당연한 현상이라 할 것입니다.

불교에서는 만卍을 부처님 마음, 즉 불심을 상징하는 기호로 삼고 있습니다. 그래서 법당에 모시는 부처님 가슴에는 '卍' 문양이 표시되어 있기도 합니다. 『화엄경』에 보면 "여래의 가슴에는 거룩한 분의 특징인 '卍' 문양이 있는데 이것을 길상해운吉祥海運이라 한다."고 했고, 또 같은 경에는 "뭇 사람들이 卍 자 문양의 가슴털 얻기를 원합니다[願一切衆生得如卍字髮]."라는 말씀도 있습니다. 불교인체생리학에서는 사람의 의식과 몸이 함께 공명하는 다섯 부위에 대해 말하고 있는데 가슴 부위를 심륜心輪이라 부르고 이 심륜에서 터져 나오는 기쁨을 묘한 기쁨 곧 묘희妙喜라고 이르고 있습니다. 묘희란 더 말할 것도 없이 나만을 키워 가는 삶의 기운이 일시에 바뀌어 모든 경계에 마음을 열고 삶의 고락을 편히 주고받는 자비심의 다른 이름입니다. 이와 같이 존재의 자기 모습이자 지고한 삶의 기쁨을 불교에서는 만卍으로 나타내어 보이고 있는 것입니다.

'만卍'이라는 상징기호는 불교의 전유물이 아닙니다. 인도의 오래된 종교인 힌두교, 자이나교에서 이 기호를 사용해 왔고 나아가 아리안족이 조상인 유럽의 이곳저곳과 심지어는 아리안족과 관계없는 아메리카 대륙의 인디언들도 신성, 창조력, 행운, 승리 같은 의미를 불어넣어 널리 써 온 것이 사실입니다. 히틀러는 '卍'의 모양을 변형시킨 '하켄크로이츠'를 만들어 나치당의 심벌로 삼았는데 이것은 그들의 조상인 아리안족의 옛 영화를 되찾자는 정치구호가 담긴 것이었습니다. 다른 점이 있다면 십자가, 칼, 장식물, 정치이념 같은 것에 한정된 서양에서의 쓰임새와 달리 인도에서는 불상이나 힌두교 신상의 특정한 부위에 이 문양을 써 왔다는 것입니다. 특히 불교에서는 부처님의 가슴 부위뿐만이 아니라 손바닥과 발바닥에도 이 문양을 표시해 왔는데 이것은 다른 종교나 문화권에는 없는 매우 이례적인 일이라 하겠습니다.

만卍 문양이 왜 부처님의 가슴이 아닌 부처님의 손발에도 나타나 있을까요? 이것은 분명 공안公案은 아니지만 두고두고 깊이 사유해 볼 만한 의미심장한 주제가 됨 직합니다. 더구나 부처님의 가르치심을 '만자설卍字說'이라고 한 것과 관련해서 이것을 사유해 들어가면 돌연히 말길과 생각의 길이 막히는 재미가 자못 화두를 참구하는 그 맛과 크게 다르지 않아 보이기까지 합니다. 말이란 으레 입으로 하는 것이기에 입이 없는 가슴이나 손발로는 어떤 말도 벙긋할 수 없겠으니 이것만으로도 향엄香嚴 선사의 '구함수지화口銜樹枝話'를 머리에 떠올리기에 부족함이 없지 않겠습니까.

언어와 문자는 한갓 기호에 지나지 않습니다. 더구나 모든 기호는 그것이 지시하고 있는 실물 그 자체는 아닙니다. 스피노자는 이와 같은 언어의 한계와 허구성에 대해 "개는 짖어도 개라는 단어는 짖지 못한다."라고 꼬집어 말하기도 했습니다. 부처님께서는 일찍이 뗏목의 비유를 들어 이와 같은 이치를 명료하게 밝히신 바가 있습니다. 그럼에도 우리에게는 마음 한구석에 '卍'이 단순한 기호 이상의 의미를 지닌 무엇이기를 믿고 싶어하는 바람이 있는 것이 사실입니다. 이런 바람은, '卍'은 보신 부처님의 과덕果德의 결정체를 시각화해서 나타낸 것으로 이것은 단순히 언어가 지시하는 일반적인 사물이거나 관념과는 뭔가 다를 것이라고 여기는 애틋한 감정과 크게 다르지 않을 것입니다. 그래서 어떤 이들에게는 '卍'이 부처님의 과덕을 세상과 매개하는 신령한 힘이 되기도 하고 기호를 넘어선 기호로 신성시되기도 합니다.

하고 싶은 '卍'에 대한 현학풍玄學風의 담론이 아니라 부처님께서 가슴과 손발에 이룬 과덕을 왜 '부처님의 말씀'이라 했는지에 대한 보다 실감實感나고 생동감 있는 이야기입니다. 말할 것도 없이 이런

58

이야기는 자연스럽게 지적 모색과 종교적 상상력이라는 - 전통수행 측
면에서 보면 자못 저급하고 위험하게까지 보일 수 있는 - 인식 방법을 동반하게 되는
데 그럼에도 이런 식의 이야기가 의미 있다고 여겨지는 것은 이와
같은 일련의 노력이 법인法忍 곧 진리를 참아 견디는 삶을 얻는 길에
조금은 도움이 될 수 있을 것이라는 막연한 기대감에서입니다.

  인도는 계급사회를 구조화해 온 오랜 전통을 가진 나라입니다. 혁
명 이전 앙시앵레짐(낡은 체제)으로 일컬어지는 옛 프랑스 사회처럼
인도 사회는 크게 성직자, 군주, 자유인으로 나누어졌고 거기다 이
세 계급을 떠받들고 먹여 살리는 다수 대중인 천민계급이 존재해
왔습니다. 인도 상층계급은 천민들의 존재 의미를 사람의 손발에
빗대었는데 부처님 손발에 '卍' 문양이 있다는 것은 이런 사회구조
속에서 생로병사를 나투신 부처님의 삶의 의미와 결코 무관하지 않
을 것입니다. 다 아는 것처럼 불교의 고갱이는 지혜와 자비라 하겠
는데 예로부터 불교 교학에서는 눈은 지혜, 가슴과 손발은 자비방
편을 상징하는 신체 부위로 일컬어 왔습니다. 자비의 화신인 관세
음보살이 천의 손을 갖추고 있음은 이것을 반영해 주는 좋은 보기
라 하겠습니다. 그러니 부처님의 손발에 '卍' 문양이 있다는 말은 끝

없이 함께 나누고자 하는 삶의 기쁨이 단지 마음만이 아닌 손과 발을 통해 아침 햇살처럼 세상으로 퍼져 나가는 부처님의 자비정신을 적확하게 드러내 보인 매우 극적인 증언이라 하겠습니다. 또한 이것은 입으로 하는 설법이 아니라 가슴과 손발로 하는 말 없는 설법이라야 진정한 설법이라 할 수 있다는 단호한 선언처럼 보이기도 합니다.

선가禪家에서 쓰는 말에 '역만자행逆卍字行', '순만자행順卍字行'이 있습니다. 역만자행은 깨달음을 이루기 위해 둘레를 돌아보지 않고 자기 수행에만 전념하는 삶을, 순만자행은 깨달음을 이룬 뒤 중생과 희로애락을 함께하는 삶을 이르는 말입니다. 유가儒家에서는 '위기지학爲己之學', '위타지학爲他之學'이라 하기도 합니다. 여기서 중시해야 할 것은 역순逆順과 기타己他의 상호관계를 주의 깊게 살펴보면 이들은 결코 둘로 나뉠 수 없는 한 몸의 관계라는 점입니다. 아무리 자기만을 위해 살고 싶어도 그렇게 될 수 없고 아무리 이웃만을 위해 살려고 해도 그렇게 될 수가 없는 것이 우리 삶의 실상입니다. 생명체와 삶터 자체의 됨됨이가 본디 그러하기 때문입니다. 이 같은 진실에 대한 큰 개안開眼을 통해 실체를 고집하는 삶이 아니라 모든 관계에 깨어 있는 삶의 실천, 다시 말해 모든 존재와 더불어 크게 공명하는 아름다운 삶의 흐름을 일러 자비행 곧 만자행卍字行이라 합니다. 만자설법卍字說法 또한 이와 같이 본래 그러한 삶의 바탕에서 끝없이 뭇 삶에게 공양 올리는 실천 일반을 가리키는 말임은 더 말할 것이 없습니다. 그렇다면 이 시대 민중과 더불어 우리는 어떤 말과 어떤 마음을 서로 나누어야 하는 것일까요? 이에 대한 법문이 묘연하기만 하여 卍 자 문양이 인두 자국처럼 붉게 찍힌 부처님의 가슴과 손발을 끝없이 그려 볼 뿐입니다.

하늘 가득 흰 눈 내리니

솔잎 더욱 푸르고

동창에 붉은 해 뜨니

마음 날로 새롭습니다

일마다 일마다

가피의 향 가득 퍼져

꽃 피고 물 흐르듯이

일체 소원 이뤄지이다.

마하반야바라밀

님이 찾아오셨네

아름다운 꿈처럼

님은 오시어 빛으로 나를 채우시네

이 느낌 누가 알 수 있을까.

님이 나와 함께하실 때

세상 모든 일 분명해졌지

님은 아침을 여는 햇살

님은 꽃밭을 밝히는 꽃 무더기.

순박의 등불 내 마음속에 켜질 때면

어김없이 찾아 주시는 님

순박한 그 마음은

기쁨과 행복의 새암

님과 함께하는 태초의 도량.

순박한 마음으로

님과 함께 흐르는

삶의 여행

행복은 강을 이루고

기쁨은 바람을 이끌고 오네.

나는 알았네

님과 함께할 때도

행복과 불행은

둥근 달처럼

한곳에 머물지 않는다는 것을.

그것은 스쳐 가는 인연

서쪽으로 가는 달을 보듯

님과 함께하는 순박한 마음은

기쁨으로 그것을 맞고

행복으로 그것을 보내네.

나는 알았네

님도 언젠가는

떠나가실 님이라는 것을.

그날이 온다고 해도

나는 서럽지 않나니

떠나신 그 빈자리가

편히 앉을 내 자리이기에.

참 좋은
인연因緣입니다

참 좋은 인연입니다

참 좋은 인연입니다

맑은 물 공기 바람 따스한 햇살 찬연하여 찬연하여

절기 따라 단비 되어 꽃과 열매 맺고 맺어

아름다운 사랑이 모여 화려한 빛깔 되었네

인연이 있는 곳에 생명이 있고

슬픔과 기쁨이 있어 참 좋다

살아 있는 인연에 감사할 뿐……

참 좋은 인연입니다

참 좋은 인연입니다

해와 달 뭇 별이 빛나는 한 세계 꽃이 되고 꽃이 되고

경사스런 구름 상서롭게 황금빛 바람 되어 되어

생로병사의 뿌리며 뭇 생명의 어머니 자궁 되었네

인연이 있는 곳에 생명이 있고

슬픔과 기쁨이 있어 참 좋다

살아 있는 인연에 감사할 뿐……

참 좋은 인연입니다

참 좋은 인연입니다

등잔 없는 불꽃 없고 뿌리 없는 꽃이 없듯이 없듯이

한 올 한 올 옷이 되고 한 알 한 알이 백팔꽃으로

인연의 향기로운 꽃씨 되어 님의 가슴에 꽃밭 되었네

인연이 있는 곳에 생명이 있고

슬픔과 기쁨이 있어 참 좋다

살아 있는 인연에 감사할 뿐……

어머니
관음觀音이여

메아리 응답하듯 부르는 소리 찾아

고통 구해 주시고 천 강에 밝은 달 비치듯

누리에 봄은 오듯 중생 있는 곳마다 이미 함께하여

우리의 삶 그 안에서 복되고 안락한 행복 얻었네

관세음 관세음 자비하신 어머니 관음이시여

옴 아로늑계 사바하

가없는 중생의 아픔 내 음성 들어주시고

얼마나 애달팠으면 천의 손이 되셨을까

끝없는 중생의 소원 내 모습 낱낱이 살펴

얼마나 사랑하였기에 천의 눈을 하셨을까

관세음 관세음 자비하신 어머니 관음이시여

옴 아로늑계 사바하

산같이 깊은 마음 밝은 지혜의 달

물같이 맑은 마음 샘솟는 자비빛이여

고운 연꽃 위에 앉으시사

미묘한 향기 날리시어

타는 번뇌 아픈 마음

세상의 고통을 구원하셨네

관세음 관세음 자비하신 어머니 관음이시여

옴 아로늑계 사바하

인연因緣의 끈

세월은 너무 빨라 지난날 그리워한들

흐르는 시간 잡을 수 없어 붉은 노을만 바라보네

인연이 끄는 힘으로 거울에 비친 내 모습에

고개 돌려 돌아보니 사랑도 싸우기도 했었지

어제는 검은 머리 곱던 얼굴 내 님의 모습은 어디 가고

오늘은 서리 앉은 모습으로 내 님의 또 다른 얼굴

세월은 너무 빨라 지난날 그리워한들

흐르는 시간 잡을 수 없어 붉은 노을만 바라보네

인연이 끄는 힘으로 돌고 도는 내 인생살이를

고개 돌려 돌아보니 좋을 때도 나쁠 때도 있었지

이제는 허허 웃고 놓아 버리니

고달픈 내 인생이 약이 되어

남은 시간이라도

기쁜 마음으로 살려네

이제는 허허 웃고 놓아 버리니

고달픈 내 인생이 약이 되어

남은 시간이라도

기쁜 마음으로 살려네

기쁜 마음으로 살려네

모두 함께 춤을

산중에 흰 꽃 노랑 꽃 빨강 꽃 춤추며 오가는 나비와

살랑살랑 함께 춤추며 사는 인생살이는 아름다워라

새소리에 아침을 열고 여니 꽃 그림자 창문 열리고

붉은 꽃향기 방안 가득 마음과 몸이 향기롭구나

맑고 푸른 산 봄바람에 들꽃 환하게 피어오르고

세상살이는 티끌 같은데 벌과 나비는 바쁘게 가네

봄비에 산꽃은 시들었지만 푸른 잎새는 더욱 빛나고

흘러가는 흰 구름을 향해 웃는 어리석은 난 서늘한 바람

푸른 산 들과 넓은 바다는 옳고 그름 없이 푸르고

한 줄기 맑은 향기 가득 온 세상에 넓게 퍼지네

흐르는 물에 꽃잎 띄워 보내니 짙은 꽃향기 바람에 날고

이끼 낀 꽃잎 돌 틈 사이로 실바람에 흔들거리네

산중에 흰 꽃 노랑 꽃 빨강 꽃 춤추며 오가는 나비와

살랑살랑 함께 춤추며 사는 인생살이는 아름다워라

모두 다 함께 춤을 추어요

옳고 그름 없이 푸르고

한 줄기 맑은 향기 가득 온 세상에 넓게 퍼지네

모두 다 함께 춤을 추어요

모두 다 함께 춤을 추어요

산에 살며

소나무 사이 문득문득 달빛은 맑고 고요

숲속의 새들은 제 집으로 돌아가 잠들고

맑은 달은 마음 곁에 떨어지니 흥이 절로

삼경의 종소리 긴 여운에 늙은 부처 엷은 미소

낮에 찌고 밤에도 찌는 끓는 가마솥 여름

지루하던 장마비(장맛비) 개이니 매미는 더욱 서럽고

산들바람에 솔향기 불어 근심 찰나 사라져

시냇가 붉은 꽃 물보라에 곧게 피어오르네

가을바람 급하게 불어 남은 낙엽 떨구고

갖가지 나뭇잎 지고 나니 소나무 홀로 푸르네

뜬구름 같은 부귀공명 번개처럼 사라지니

봄이 머잖아 오니 모락모락 향연 기이하네

2

새로운 계절에

沙

鳴

餘韻

명사여운鳴沙餘韻

　내게는 묵은 병病 하나 있습니다. 잊혀지지 않는 월아천月牙泉의 밤이 그것입니다. 찬 달빛이 칼 가는 소리를 내며 쏟아지고 검은 바람이 태초의 번뇌를 압도하며 질주하는 밤이었습니다. 그 밤 내내 백리 사막 명사산鳴沙山은 에밀레 종소리로 울어예며 눈과 귀를 잃은 나를 진언眞言의 낙처落處로 이끌었습니다. 하지만 이것은 분명 몰랐던 차원의 덧없는 경험일 뿐 병이라고 할 수는 없을 것입니다.

　나의 고질痼疾은 천지가 바뀐 다음 날 발병했습니다. 붉은 태양이 솟아오르자 겹겹이 싸인 어둠과 광란의 춤을 추던 검은 바람이 감쪽같이 사라졌습니다. 이어 투명한 고요가 명사산의 소리 없는 소리로 내 존재의 문을 두드렸습니다. 그 순간 나는 지난밤의 천지공

사天地公事가 소리가 소리 없는 자신의 여운을 낳기 위한 거룩한 산통이었음을 알게 되었습니다.

명사산의 울음소리는 헤아릴 수 없이 많은 모래알들의 합창입니다. 이 거대한 합창음은 어김없이 소리 없는 소리로 돌아가 일대사一大事를 마무리합니다. 어쩌면 우리들의 삶도 이와 같을 것입니다. 바위 속에 들어 있는 현을 건드려야 바위를 연주할 수 있듯이 삶에 물들지 않는 삶을 실감해야 길이 살아 우는 여운이 있는 삶을 누릴 수 있지 않겠습니까.

명사산은 동북아불교를 낳은 불모佛母입니다. 생각해 보면 명사산의 화음和音은 울음이 아니라 가르침의 바람 속에서 깨어나는 낱낱 깨침들의 환희성歡喜聲이라 해야 옳습니다. 여운이 없는 세상, 그래서 날로 여운이 그리운 시대이기에 나는 깨침의 대화음에 작은 소리를 더할 한 알의 모래알이 되고 싶은 병앓이를 하는 중입니다. 부처님이 되기까지는 어쩔 수 없는 일일 것입니다.

소나무 끝 부는 바람 달 그림자 너울너울

강물에 어린 달빛에 마음의 꽃 피어나니

보내는 그대 앞에 차오르는 이 그리움

만나는 얼굴마다 평화와 기쁨 넘치네.

은밀히 맞는 가을 산에 오색단풍 물들고

흰 구름 푸른 산 넘지 못해

가지 끝 찬 구슬바람 소리에

저 길손 놀라 두 눈 의심 가득

매화 향기 코끝에 있는 오늘 다시 봄이네.

맑은 바람 밝은 달 아름다운 흥취 어우러져

떨어지는 꽃잎마다 향기로운 님 소식이니

마음 밝혀 지혜의 빛 온 누리에 두루 빛나

그윽한 님 향기 따라 집으로 오네.

봄날에
오신 부처님

물이 풀리고 흙이 더워지면 하늘은 새들의 노래로 흘러넘치고 대지는 온갖 꽃들로 곱게 수놓아집니다. 이른바 봄의 향연이 이뤄지는 것입니다. 우리는 모든 향연이 그러하듯 봄날의 찬연한 향연도 덧없이 사라지는 것임을 몸으로 알고 있습니다. 그래서 다만 그윽한 정취, 애틋한 향기와 함께 오가는 봄을 속절없이 맞고 보내고 할 뿐입니다. 이렇듯 봄날은 우리에게 경이로운 꿈과 즐거움만을 주는 것이 아니라 달랠 길 없는 아쉬움과 상심傷心도 함께 안겨 줍니다.

"달에 취해 빈번히 술잔을 비우고 꽃에 홀려 님을 섬기지 않네醉月頻中聖 迷花不事君."라는 옛 시구가 있습니다. 찬란한 봄날의 정취를 만끽하고자 하는 풍류 어린 삶의 욕구가 짙게 농축되어 있는 구절이라 할 수 있겠지요. 끝없이 봄을 노래하고자 하는 인간의 갈구가 이와 같음에도 봄은 인간에게 영원한 음풍농월吟風弄月의 복을 허락하지 않습니다. 봄은 우리로 하여금 소리 높여 자신을 노래하게 합니다. 그러나 봄은 그 노래가 시작되자마자 어느새 자취를 감추고 말지요. 이것은 분명 봄이 인간에게 안겨 주는 마르지 않는 눈물이자 지워지지 않는 상처라 할 수 있습니다. 이런 봄날의 눈물과 상처는 끝까지 견딜 수밖에는 다른 길이 없는 슬픔의 기원을 생각하게 합니다. 사실 봄마다 흥얼거리는 우리의 봄노래는 이 같은 슬픔이 낳는 아픈 메아리일지도 모릅니다.

인간이 고질병처럼 달고 사는 봄날의 슬픔은 여름의 고뇌, 가을의 상실감, 겨울의 고독감과는 뭔가가 다른 별난 감정으로 비치기도 합니다. 그럼에도 여름, 가을, 겨울의 계절감이 봄날의 슬픔과 무관하지 않고 깊은 관계를 맺고 있다는 사실은 매우 흥미로운 일입니다. 봄의 땅에 뿌려진 한 알의 씨앗은 여름 더위를 견디어 내고, 가을 들판에 쓰러져 눕고, 긴 겨울의 강을 건너야 하지요. 우리가 계절에 따라 경험하는 계절 감정도 뗄 수 없는 인과의 고리로 서로 연결되어 있다는 소리입니다. 봄은 덧없이 지나가고 인간은 이

덧없음의 벌판에서 살아남기 위해 대지 위에 씨앗을 뿌립니다. 씨 뿌리지 않는 이에게는 여름도 가을도 겨울도 기대할 수 없습니다. 더구나 그에게는 찬란한 봄날이 다시는 돌아오지 않을 수도 있겠지요. 몽롱한 봄 풍경 속에 감춰진 이런 냉엄한 현실은 우리의 삶을 두려움과 슬픔의 바다로 내몰아 세우지요.

부처님께서는 왜 꽃비가 흩날리고 슬픔과 두려움의 파랑波浪이 큰 골을 이루는 봄날에 우리 곁에 오셨을까를 생각해 봅니다. 경전 말씀에 따르면 불보살님들은 업보중생과는 달리 대비원력大悲願力으로 국토와 부모를 선택하신 뒤 세상에 태어나신다고 합니다. 그러니 새삼스럽기는 하지만 부처님께서 태어나신 시점에 깃든 의미를 생각해 보는 것도 크게 잘못된 일은 아닐 것입니다. 아무리 궁리해 봐도 봄날은 음풍농월로 보낼 한가한 시절만은 아닌 것 같습니다. 이 와는 달리 건강하고 기름진 땅을 골라 자신의 생명 활동을 유지해 줄 좋은 씨를 뿌려야 하는 매우 엄중한 시점이랄 수 있습니다. 봄날의 슬픔이란 어쩌면 좋은 씨앗과 그 씨를 뿌리기에 마땅한 땅에 목을 매어야 하는 삶들이 운명적으로 공유하는 매우 처연하고 절박한 감정일 수 있겠습니다. 어떻게 보면 인간의 온갖 번뇌와 고뇌는 이 씨 뿌리는 일과 함께 시작되었는지도 모릅니다. 더구나 세상에 존재하는 모든 것들(크든 작든, 물질적이든 심리적이든)은 원인, 곧 씨앗이 없이 생겨난 것이 하나도 없다고 하지요. 이런 점들을 사유해 볼 때 부처님께서 온갖 씨앗이 뿌려져 발아되는 봄날에 태어나셨다는 사실은 비상히 의미심장한 일이 아닐 수 없습니다.

어느 때, 부처님께서는 공양 때가 되어 많은 일꾼들이 모여 일을 하는 농장에 들러 밥을 빈 일이 있습니다. 그때 농장 주인은 "여기는 농사짓는 일꾼들에게만 밥을 줍니다."라며 부처님께 공양을 올릴 의사가 없음을 분명히 했습니다. 그러자 부처님께서는 "나도 농사를 짓는다. 나도 땅을 갈아 씨 뿌리고 김을 맨다."라는, 세상에 회자되는 그 유명한 농사법문을 하시어 농장 주인의 귀의를 받게 됩니다. 물론 부처님께서 말씀하신 농사일은 마음의 밭을 갈아 지혜와 자비의 씨를 뿌리고 번뇌의 풀을 뽑는 일로 땅 위에서 벌어지는 농사와는 다른 별개의 농사였습니다. 중요한 것은 세상의 농사와 부처님의 농사를 두고 그 중요성과 우열을 가리려는 것은 무의미하다는 점입니다.

부처님께서는 농사법문을 통해 세상의 농사가 삶의 토대임을 역설하십니다. 그렇다면 부처님께서 짓는 농사는 우리 삶에 무슨 의미가 있는 것일까요? 부처님께서는 세상의 농사가 부처님의 농사와 함께할 때 가장 온전한 농사로 완성될 수 있음을 시사해 주고 계시지요. 상업농으로 심각하게 땅이 오염되고 씨앗의 정보가 극도로 혼란스러워져 가고 있는 이 시대의 농업 현실은 이 사실을 방증해 주는 좋은 실례가 될 것입니다.

농사짓는 데 없어서는 안 될 가장 중요한 요소로 씨앗과 땅을 들 수 있겠지요. 불교에서는 '마음 땅[心地]' 또는 '종자'라는 용어를 일찍부터 사용해 삶의 구조와 문제점을 밝히고 해석해 왔습니다. '심지'란 인식과 감정의 환경이나 바탕을, '종자'는 그 내용을 이루는 구체적인 요소로서 요즘 우리가 이야기하는 생물학적 또는 문화적 DNA와 흡사한 개념이라 할 수 있겠습니다. 그러니 불교의 농사법이란 '심지'와 '종자'의 관계를 명확하게 읽어 내어 그것을 건강하고 청정하게 보살피고 가꾸어 나가는 일이 됩니다. 인도불교에서는 마음을 대지에 빗대어 '부미Bhumi'라 일컫기도 했습니다. 대지에서 온갖 화초와 나무가 자라나듯 마음에서 온갖 인식과 감정이 발생하기 때문이지요. 땅이 오염되고 거칠어지면 초목이 자생할 수 없는 사막이 되고 말듯 만약 우리의 마음이 그렇게 되면 일상의 인식과 감정이 조악하고 황폐해지는 것은 당연한 이치가 될 것입니다.

남아프리카공화국의 작가 존 쿳시는 그의 노벨상 수상작인『야만인을 기다리며』에서 매우 인상적인 장면 하나를 소개하고 있습니다. 백인 제국 사람들이 야만인이라 부르는 아프리카 토착민들의 문화 DNA, 즉 그들의 문화 종자에 대한 이야기입니다. 쿳시의 글에 따르면 아프리카 토착민들은 그들의 삶에 영향을 줄 수 있는 변화나 조짐이 있으면 아이 어른 할 것 없이 대지에 귀를 대고 엎드려 백인 제국 사람들이 듣지 못하는 대지의 소리를 듣는다는 것입니다. 그들은 대지의 노랫소리며 신음 소리, 심지어는 조상들의 목소리를 들으며 자신들이 처한 상황의 의미를 읽어 내고 새로운 삶의 방향을 설정합니다. 물론 이것은 작가의 상상력에 의한 가상적 이야기일 수 있습니다. 하지만 이 단편적인 짧은 이야기 속에는 땅을 조롱하고 대지를 무자비하게 파괴하는 현대 문명이 경청해야 할 소중한 메시지가 담겨 있음이 분명해 보입니다.

사람들은 대개가 행복을 바라고 불행은 원치 않습니다. 물론 이런 의식은 아직 삶의 평정을 이루지 못한 상태인 거친 의식의 한 행태일 수 있습니다. 몽테뉴는 희망과 불행에서 자유로워지는 것을 삶의 최고 가치로 삼았다고 하지요. 자신의 존재 이유가 희망이나 행복 따위가 아니라 바로 자기 자신이 될 때 자유롭고 평화로운 삶을 살아갈 수 있다는 것입니다. 이렇게 되자면 어떻게 해야 할까요? 부처님께서는 "네 마음 땅에 귀 기울이고 네 종자의 흐름에 깨어 있으라."고 말씀하셨습니다. 이것은 우리 불자들이 깊이 간직하고 되새겨야 할 교조의 엄중한 가르침일 것입니다. 삶의 문제를 너무 안이하고 관념적으로 진단하고 답하는 사이비 멘토링과 힐링이 극성을 부리는 요즘이 아닌가 합니다. 삶의 현실이 불안하고 힘겨울 때일수록 자신의 마음 땅에 바짝 귀를 기울여 듣고, 그런 사람들끼리 서로 실질적인 위안과 빛을 나누는 노력이 나와 세상을 밝게 변화시킬 수 있는 효모라는 믿음을 잃지 않았으면 좋겠습니다.

다시 한 번 '부처님은 왜 봄날에 오셨을까?'를 생각해 봅니다. 나아가 씨앗과 땅 때문에 봄을 상실하고 끝없는 슬픔과 비탄에 빠진 뭇 삶들에게 자비의 씨앗과 복된 땅을 함께 나누려 오신 부처님께 위없는 경배를 올립니다. 백거이의 시에 "애틋한 정은 뭉게뭉게 향기로운 그리움은 솔솔, 산승도 번뇌에 겨워 출가를 후회하네[芳情香思知多少 惱得山僧悔出家].”라는 시구가 있지요. 봄날은 끝내 가고야 맙니다. 가고 말 봄, 그림자에 흔들려 해야 할 봄 일을 잊어서는 안 되겠습니다. 그것은 씨 뿌리는 일입니다. 안으로 그 씨는 자비와 지혜이고, 밖으로 그 씨는 사회적 약자이기도 합니다. 자비와 지혜의 씨가 잠을 깨야 생명의 빛이 터져 나오고 사회적 약자가 살아나야 안락정토가 이루어지겠지요.

해와 달, 뭇 별들이 맑디 맑아
산과 물, 땅덩이 따뜻해지네
산마루 붉은 꽃 피어오르니
칠흑 어둠 금세 사라지네.

마음 따스함에 온 세상에
백 가지 꽃 미소 활짝 열리니
다디단 망고 그늘 새들 합창
룸비니 동산에 내 님 오신 날.

드높으신 분 행복하신 분
샤카모니 붓다 내 님 오셨네.

한여름 밤의 꿈

　다 알고 있듯이『한여름 밤의 꿈』은 셰익스피어의 이름난 희극 작품 가운데 하나입니다. 인간, 요정, 자연이 서로 얽히고설키면서 몽롱한 사랑의 변주곡을 연출해 내는 이 작품은 같은 시대의 우리 선대들과는 달리 사랑에 대한 상상력과 행각이 매우 자유로웠던 유럽 사회의 시대 기류를 짙게 느끼게 해 줍니다. 소년 시절에 이 작품에 깊은 영감을 받은 멘델스존은 뒷날 같은 이름의 아름다운 극음악을 작곡했고 러시아의 이름난 화가 샤갈도 불후의 명작을 남겼지요. 이것을 보면『한여름 밤의 꿈』이 유럽 근현대 문화예술 정신에 끼친 영향이 결코 적지 않았음을 짐작하게 합니다.

　그럼에도 나는 작품의 문학성이나 예술성과는 상관없이 '한여름

밤의 꿈'이라는 제목 자체에 묘한 전율과 향수를 느낄 때가 많습니다. 맑고 음산한 소리를 끝없이 뿜어 대는 원초적인 여름밤의 어둠과 오장을 썰렁하게 씻어 주는 번갯불같이 짧고 강렬한 어느 여름밤의 꿈은 생각만으로도 시름겨운 인간의 넋을 뜨거운 신화의 열기 속에 젖어 들게 합니다. 이런 열기 속에서 우리는 때때로 눈먼 남벌로 황폐해진 우산牛山의 숲을 기억하게 되고 타는 목마름으로 잃어버린 태초의 밤기운[夜氣]을 그리워하게 되지요. 어떤 사람은 '현대인들은 밤을 잃은 난민'이라고 탄식하기도 합니다. 이것은 삶의 등불을 밝힐 밤 자체가 사라졌다는 서글픈 기별처럼 들립니다.

"촛불로 밤을 태워 죽이지 말라." 이것은 자이나교에서 중시하는 계목戒目 가운데 하나인데 날이 흐를수록 심오한 의미를 실감하게 하는 활구법문活句法門이라는 생각이 듭니다. 서산으로 해가 졌다고 밤이 오는 것은 아닙니다. 보이는 것 하나 없는 어둠 속에 벌거벗은 홀로가 되어 그 어둠을 직시하고, 크게 열린 귀뿌리로 작은 소리를 경청하고, 탄식 어린 눈으로 깜박이는 별을 바라볼 때 밤은 영혼 위에 쌓이는 모음母音이 되어 주겠지요.

불철주야不撤晝夜라는 말이 있습니다. 낮이고 밤이고 죽을 둥 살 둥

정신없이 뭔가를 한다는 말입니다. 예전에는 입신출세하려고 이렇게 했지만, 이제는 살아 보려고 이렇게 하지 않으면 안 되는 세상이 되고 말았습니다. 이렇게 쉴 틈이 없는 사람은 찬연한 밤을 누릴 수 없습니다. 도시는 원자력발전소에서 보내 온 전등 불빛이, 시골에서는 찰나적인 감상을 강요하는 텔레비전이 밤을 태워 죽이고 있습니다. 이렇게 기계문명이 득세한 곳에서는 숨 쉬는 밤의 숲이 열릴 수 없습니다. 아름다움을 느끼게 하고 그 속에서 존재의 근원을 사유하게 하는 밤을 잃는다는 것은 크나큰 불행입니다. 성숙한 행복은 깊이 있는 인격에서 나온다고 하지요. 밤의 어둠과 소리와 별은 인격을 낳는 어머니입니다. 이런 밤이 없이는 누구도 행복해질 수 없을 것입니다.

〈오경송五更頌〉이라는 게송이 있습니다. 옛 스님들은 밤을 오후 7시부터 다음 날 아침 5시까지 초경, 이경, 삼경, 사경, 오경의 다섯 부분으로 나누고 제시간마다 종을 울려 밤공부하는 대중들에게 시간을 알려 주었습니다. "경을 친다."는 말이 있는데 경을 알리는 종을 치는 일이 그만큼 쉽지 않다는 뜻일 것입니다. 〈오경송〉은 종을 치면서 노래하는 게송들입니다. 이 가운데 이경(밤 9~11시)을 알리는 게송은 이렇습니다.

> 종소리도 북소리도 함께 잠든 이경인데
> 온 세상 고요함이여 마음조차 비었구나
> 말없이 홀로 앉아 보는 나를 비춰 보니
> 분명해라 두 눈앞에 드러나신 주인공아.

이 게송은 옛 어른들이 얼마나 밤을 사랑했으며 또 밤 사랑은 도대체 어떻게 해야 하는 것인지를 극명하게 보여 주고 있지요. 다시 졸음이 무더기로 덮쳐 오는 사경(새벽 1~3시)송은 어떠합니까.

> 부처님께 분향코자 채비하고 문 나서며
> 합장하는 마음 챙기며 도량에 들어서네
> 염불심 어디 머무는가 비추어 살펴보니
> 아하! 이미 달님 좇아 서방에 이르렀네.

선문에 '정청어독월靜聽魚讀月'이라는 법문이 있습니다. '고요히 들으니 물고기가 달을 읽네.'라는 뜻이지요. 우리는 고해라는 거친 바다를 견디어야 하는 물고기 같은 존재들입니다. 이런 중생들도 달빛 희게 부서지는 밤을 읽게 될 때 고해가 본래 정토요, 정토가 본래 자기 고향임을 알게 된다는 것입니다.

올여름에는 사부대중이 한 몸이 되어 관음기도 및 지장기도를 올리고 있습니다. 봄밤이 길고 향기롭다면 여름밤은 짧고 무성하기만 합니다. 사랑의 묘약을 눈에 바르면 사랑하는 님을 맞게 된다는 『한여름 밤의 꿈』처럼 우리도 관음, 지장의 묘약을 복용하면 한여름 밤을 밝히는 소리 없는 달님을 듣게 될 것입니다.

우리가 살고 있는 이 시대를 역사상 가장 풍요로운 시대라고들 합니다. 그럼에도 우리는 가장 가난하고 무력한 삶을 살아가고 있는 것 또한 사실입니다. 어디서나 상품으로 전락하고 있는 삶, 임금 노동의 노예가 되어 아파트에 수용된 삶, 현대인들은 이렇게 사는 삶 이상의 다른 삶에 대한 상상력을 가파르게 잃어 가고 있습니다. 회의도 저항할 힘도 잃어버린 채 지리멸렬한 삶에 목숨을 거는 대중적 관행이 요지부동한 시대의 업을 만들어 가고 있습니다.

새가 알을 부수고 태어나듯 우리가 진정 생명의 시대 그리고 자유로운 삶을 바란다면 상투화常套化된 시대의 업과 자기 업을 과감히 깨뜨리지 않으면 안 될 것입니다. 업이 곧 밤이요 업이 곧 어둠입니다. 두려움이 곧 밤이고 슬픔이 곧 어둠입니다. 반기지도 거부하지도 않는 눈으로 그것을 바라볼 때 한여름 밤을 밝히는 달이 당신 곁에 떠오를 것입니다.

지금 우리가 잃어버린 것은 촛불이 아니라

그 촛불을 밝힐 밤 자체인지 모릅니다.

우리는 핵이 밝혀 준 전등불 밑에서 텔레비전을 보고

낯선 길머리를 떠돌며 핸드폰 안부를 나눕니다.

그러면서 문득문득 촛불을 그리워하기도 하고

타는 심장으로 사라진 밤을 부르기도 하지요.

가장 짙은 동짓날 밤의 어둠

가장 투명한 동짓날 밤의 침묵

별빛은 눈뿌리를 씻어 주고

바람 소리는 홀연히 제 가슴에 귀 기울이게 합니다.

매화꽃 향기가 겨울밤의 향기이듯

삶다운 삶의 품격도 겨울이 완성한 인고忍苦의 열매일 것입니다.

가을의 향기

가을은 별리別離의 계절이기도 합니다. 그래서 '당신에겐 떠나는 향기'라는 시구가 세상에 회자하고 있는지도 모릅니다. 옛 어른은 별리의 아픔을 이렇게 노래했습니다.

떠나는 님 정녕 기약을 남기고 가건만
보내는 이 눈물로 옷깃을 적시네.
떠나는 저 배 이제 가면 언제 돌아오나
보내는 이 언덕을 넘어 홀로 돌아오네.

우리 불자들은 다 떠나보내어도 매 순간 종아리를 때려 주시는 어머니인 관세음보살만큼은 떠나보내면 안 됩니다. 성스럽고 크게 자비하신 어머니인 관세음보살은 어디에 계십니까? 그분은 좋고 나쁜 상황에 반응하는 자신의 소리를 듣는 가운데 계십니다. 공성空性으로 집을 삼으시는 님이시기 때문입니다. 그래서 관세음보살입니다.

백유가 더 이상 아프지 않은 어머니의 매질에 눈물을 흘렸듯이 우리 불자들은 좋고 나쁜 모든 경계에 밝게 깨어 있지 못하는 삶의 순간순간을 크게 슬퍼해야 합니다. 돈을 벌어도 돈을 벌려는 자신의 의도를 읽은 뒤에 벌어야 하고 화를 내더라도 화를 내려는 자신을 만난 뒤에 내어야 합니다. 정작 떠나야 할 것은 살핌이 없는 캄캄한 습관 곧 업의 흐름입니다. 이렇게 했을 때 모든 육체는 떠나도 풍성한 향기의 이름으로 남는 '가을다운 가을'이 될 것입니다.

가을과
어머니

가을은 맑은 달이 떠오르는 밤만 그럴듯한 것이 아닙니다. 보이고 들리는 한낮의 모든 것들이 미묘한 향기를 토해 내는 향기의 계절이기도 합니다. 그것은 뜨겁던 여름날의 열정이 잘 익어 완성된 해탈향解脫香처럼 보이기도 하지요. 그래서 어느 시인은 가을을 육체를 버리고 풍성한 향기로 남는 계절이라고 노래했는지도 모르겠습니다.

등불 아래 우는 풀벌레 소리나 빗속에 산과일 떨어지는 소리를 들으면 잊었던 얼굴이 떠오르기 마련입니다. 그런데 그 맨 앞자리에 떠오르는 얼굴은 대개 어머니일 때가 많습니다. 내 가을의 열매와 향기를 있게 해 주신 님, 그래서 그 열매와 향기를 공양 올리고 싶은 님이 어머니입니다. 생각해 보면 모든 삶의 향기와 열매의 근저에는 어머니의 사랑이 소용돌이치고 있습니다. 나를 아프게 채찍질해 주신 어머니의 깊은 사랑이 대지처럼 자리하고 있습니다.

님은
늘
그
곳
에

님이 내 맘에 있을 때

모든 일 분명했지

님과 함께한 삶의 여행은

모두 다 즐거웠고

행복하고 행복했어 나는.

님이 있는 세상은 늘 기쁨으로 가득했고

내 마음은

아름다운 꽃처럼

향기롭고 행복했어 나는.

님 앞의 내 모습은

어린 아이처럼

가슴속 모든 근심 없고

사랑의 진실로 있어

행복하고 행복했어 나는.

행복한 나는

오직 님의 꽃밭에서

내 마음은 더없이 아름답고

향기롭고 행복했어 나는.

님은 내가 어디 있든지

무한한 사랑으로

그곳에 늘 있었다네.

코로나 보살

2021년 4월 23일 현재, 코로나바이러스감염증에 걸린 세계 총 감염자는 144,706,700여 명에 이르렀고 이로 인해 목숨을 잃은 총 사망자 수도 3,075,800명을 넘어서고 있습니다. 지구화 시대에 들어와 최초로, 세계는 그 출구를 예견할 수 없는 총체적 팬데믹 상황으로 깊이 빠져들고 있는 듯합니다. 그동안 우리는 날로 이상 징후를 보이는 기후환경의 변화를 몸으로 겪으면서 뭇 생명의 토대인 지구 행성의 생태적 재난을 걱정해 왔지만 그 재난이 이런 식으로 급습해 올 줄은 누구도 예측하기 어려웠을 것입니다.

그래서였을까요. 미국 도널드 트럼프 전 대통령은 "누가 알았겠는가!"라는 한마디 말로 방역 실패의 책임을 가볍게 회피하려고 했지요. 그러나 생각해 보면 신종바이러스로 인한 팬데믹 상황이 조만간 대두할 것이라는 관계 전문가들의 예고가 전혀 없었던 것은 아닙니다. 1997년 조류인플루엔자가 출현한 사태 이후 폐 질환을 일으키는 심각한 역병이 전 지구적으로 창궐할 수 있다는 방역 전문가들의 경고가 있었습니다. 또 미국 국립알레르기전염병연구소 소장이었던 앤서니 파우치는 2005년 의회 증언을 통해 폐 질환을 일으키는 바이러스로 세계를 뒤덮는 팬데믹 상황이 반드시 찾아올 것이라며 그에 대한 철저한 대비를 거듭 강조하기도 했지요.

그런데도 미국을 비롯한 세계 대부분의 정부들은 전문가들의 엄중한 경고를 들으려고 하지 않았을 뿐만 아니라 이를 철저히 무시하는 태도로 일관해 왔습니다. 왜 그랬을까요? 그 원인을 짐작하기란 나 같은 세상 밖 사람에게도 그리 어렵지는 않아 보입니다. 내가 보기에 그것은 파우치를 비롯한 방역 전문가들이 말하는 대비책과 세계 정부들이 사활을 걸고 매진하고 있는 정책 방향 간의 결코 합의될 수 없는 모순 때문으로 여겨집니다.

방역 전문가들에 따르면 문제의 바이러스들이 생겨나는 원인은 성장 신화가 저지른 과도한 환경파괴로 서식지를 잃은 동물종들이 인간의 생활공간과 뒤섞이게 된 데 있다고 하지요. 여기에다가 인간의 주거환경이 거대 도시화되었고 또 이 도시들은 신속한 항공 시스템으로 긴밀히 연결되어 있어 바이러스의 이동이 매우 빠르고 광범위하게 이뤄진다는 것입니다. 명백해지는 사실은 신종바이러스의 출몰을 잠재우려면 생산 결과만을 중시해 생산 과정에서 빚어지는 인간과 자연의 가치를 멸살하는 경제성장 일변도의 관행을 원천적으로 재고해야 한다는 것입니다. 그러니 표에 목숨이 달려 있는 현행 정치구조 속에서 어떤 정부가 외롭게 외치는 일각의 불편한 진실에 귀를 기울일 수 있겠습니까. 과학자들의 절박한 호소는 도도한 정치 경제의 논리 속에서 허무한 물거품이 되기 일쑤이지요.

無窮山下泉 무궁산하천   산 아래 샘솟는 새암 있으니
普供山中呂 보공산중려   벗들이어 다 와서 공양하소서
各持一瓢來 각지일표래   저마다 표주박 하나 품고 오시사
總得全月去 총득전월거   빠짐없이 온달 건져 가소서.

서산西山 스님 작作으로 전해 내려오는 시입니다. 비상히 투명한

106

정신과 조건 없이 나누는 통쾌한 흉금이 간결한 문장 속에 잘 마무리되어 있지요. 화자인 서산 스님은 우리를 영겁토록 마르지 않는 감로甘露의 샘터로 부릅니다. 그리고 목만 축이는 게 아니라 지니고 온 바가지에 온달을 건져 가라고 당부합니다. 온달은 둥글 뿐만 아니라 밝고 맑은 덕을 두루 갖춘 완벽한 달을 말합니다. 이른바 지혜를 지시하는 은유어라 할 수 있겠지요. '정수혜월定水慧月'이라는 말이 있지요. 선정의 물과 지혜의 달이라는 소리입니다. 이 시에 등장하는 한 바가지의 물은 선정이요, 달은 지혜라 할 수 있습니다. 온갖 초목이 대지에서 자라나듯 지혜 또한 선정에서 꽃 피어난다고 하지요. 다 아시다시피 불교의 지혜는 연기적 사태의 빛과 향기를 매 순간 읽어 내고 찬탄하는 능력을 말합니다.

산속의 절에 가면 '수각水閣' 또는 '수곽水廓'으로 불리는 시설물이 있습니다. 큰 돌을 파서 물을 채워 두는 돌 물통이지요. 대개는 맑게 흐르는 물을 끌어들여 채우기에 수각에는 항상 청량한 물이 흘러넘치고 있지요. 도량에 들어서는 불자들은 먼저 수각에 들러 물을 마시고 손을 씻은 뒤 법당에 들어가 부처님께 예경을 올립니다. 수각의 물로 입과 몸의 업業을 씻은 뒤 부처님께 향을 올리고 절을 드리는 것이지요. 이런 말을 들으면 '물로 입과 손을 씻는다고 해서 어떻게 입과 몸의 업이 정화될 수 있을까?' 하는 의문이 들 수도 있을 것입니다.

업은 마주치는 세계에 대한 해석 방식이자 그 해석의 경향성이라 할 수 있습니다. 그러니 해석 방식이 전환되면 업 또한 바뀐다고 해야겠지요. 이 인식의 전환점은 대개 탈일상의 눈으로 새삼스레 일상의 속뜰을 들여다볼 때 일어나는 무의도적無意圖的 사태라 할 수 있습니다. 홀연히 터져 열리는 무심계無心界로의 환원還元이라 할 것입니다. 이런 경험을 다른 종교에서는 '은총恩寵'이라는 말로 표현하고 있는 것 같습니다.

수각의 물맛은 절마다 다르기 마련인데, 그것은 다만 토질 때문만은 아닌 것 같습니다. 제 경험으로 보면 그 다름은 물과 함께 표주박에 담기는 풍경의 다름에 있지 않나 싶습니다. 작은 표주박 안에는 하늘과 산, 구름과 바람 그리고 술렁이는 숲과 돌아오는 새들이 별천지를 이루고 있습니다. 그뿐만 아니라 거기에는 계절이 손을 흔들고, 흰 눈발이 날리고, 그것을 환호하는 내 눈빛이 빛나기도 합니다. 이때 표주박은 물을 마시는 세상의 흔한 물건을 넘어 매 순간 무진법계와 함께하는, 나를 일깨워 주는 크나큰 각성의 거울이 됩니다. 그야말로 소리 없는 음악이요, 글자 없는 무자시無字詩라 할 만하겠지요.

맑고 고요한 수각의 물, 이 물을 담은 작은 표주박은 진진찰찰塵塵刹刹, 두두물물頭頭物物, 만상삼라萬象森羅와 나를 불러들여 환대해 줍니다. 그리고 세계와 나를 피와 정을 나누는 한 몸의 유기체로 낳아 주는 성스러운 불모佛母가 되어 줍니다. 이 장엄한 무진연기의 장 속에서 나는 법계를 마시며 저들의 안부를 묻고, 법계 또한 나를 적시며 나의 묵은 눈물을 지워 주지요. 그리하여 나와 법계는 드디어 경계 없는 경계 속에서 온전한 한 몸을 이루게 됩니다.

우리는 이 단순한 수각의 의식을 통해 모래알에서 우주를 상상한 영국의 화가이자 시인 윌리엄 블레이크Wiliam Blake의 신비를 만나고 찰나가 영원임을 설파하는 화엄의 우렛소리를 듣습니다. 그러면서 지금까지 세상을 해석하던 모든 근거로부터 몰록 가볍고 자유로워짐을 실감하게 되지요. 이와 같이 한 모금 수각의 물에는 우리의 입과 몸의 업을 정화시켜 주는 근원적인 공능이 있습니다. 그러니 산사의 수각 머리에는 태초의 침묵을 담는 표주박과 푸른 공空을 비추는 서산의 온달이 우리들의 발걸음을 기다리고 있음을 늘 기억해야 하겠습니다.

"역병은 우리가 누구인지를 비춰 주는 일종의 거울이다." 전염병 연구로 유명한 예일대 의료사학가인 프랭크 스노든 Frank Snowden 의 말입니다. 스노든은 지구상에 이미 나타났고 앞으로 나타날 모든 역병의 이면에는 그것을 조장한 인간의 업이 함께한다는 말을 하고 싶어하는 것 같지요. 그는 자신이 한 말의 정당성을 입증하고자 아이티의 역사를 바꾼 황열병을 그 한 보기로 듭니다. 18세기 전후 카리브해의 섬나라인 아이티는 사탕수수, 커피, 코코아, 면화 같은 특정 작물을 대량 생산하는 플랜테이션 경영으로 막대한 부를 일궈내는 프랑스의 식민지였습니다. 프랑스는 황금알을 낳는 대규모 농장 경영을 위해 아프리카에서 수많은 노예 인력을 들여왔습니다. 문제는 이때 황열병을 발병시키는 모기들이 함께 들어왔다는 사실입니다. 결국 아프리카 사람들과는 달리 면역력이 없었던 프랑스인들은 많은 사상자를 낸 뒤 아이티를 떠나야 했지요.

더 말할 것도 없이 황열병은 제국주의자들의 민낯을 보여 준 거울이었지요. 프랑스는 거울이 알려 주는 진실을 외면하고 총칼의 지배를 고수하려다가 자멸의 결과를 초래하고 말았습니다. 코로나 또한 부와 편의를 위해 자연을 파멸시키고 미래를 좀먹고 있는 우리 문명의 야만성을 여실히 보여 주는 또 다른 거울이라 할 것입니다. 시대는 다르지만 황열병과 코로나라는 거울 속에는 공히 황금의 독에 중독되어 극통의 괴로움에 시달리는 남루한 인간군이 난무하고 있습니다.

빛이 반사되어 상이 맺히면 거울이 됩니다. 거울은 과거나 미래는 비추지 않지요. 오직 현재적 사태만을 말없이 비추어 드러낼 뿐입니다. 생각해 보면 수각이든, 황열병이든, 코로나든 그것이 무언가 자신과 상호 관련된 현재적 사태를 보여 준다는 점에서 보면 다 같은 거울입니다. 황열병도 그렇지만 코로나 또한 화장대에 부착된 실물적 거울은 아니지요. 그것이 내게 거울의 의미를 가지려면 의식의 빛이 반성적으로 반사되어 성찰의 계기를 만들어 내어야 합니다. 이럴 때 코로나 거울은 내면화된 우리의 무지와 광기 어린 문명의 폭력성을 발로發露해서 새로운 삶의 토대를 크게 열어 줄 것입니다.

백설공주의 새어머니에게도 아끼던 거울이 있었다지요. 하지만 이 여인은 자신이 바라고 원하는 것만 보려고 했을 뿐 거기에 떠오르는 상의 기원이나 특성을 자신과 관련지어 읽는 통찰의 빛을 갖지는 못했습니다. 우리는 우리가 겪고 있는 코로나 팬데믹 상황을 막연히 탄식하거나 두려워만 해서는 안 되겠지요. 더구나 이전에 누렸던 부와 편의 타령만 반복한다면 백설공주 새어머니와 다를 바가 없을 것입니다. 코로나가 왜 생겨났으며 그것이 무엇을 원하는지를 자신의 삶과 관련지어 냉철히 사유해 봐야 할 것입니다. 이럴 때 코로나는 '역병 코로나'가 아닌 '코로나 보살'이 되어 주지 않을까요? 그리하여 우리가 야만적 문명 속에서 잃어버린 건강한 감각과 가치를 되찾고 함께 사는 삶의 정토를 건설하게 하는 인로왕보살이 되어 주지 않을까요?

첫눈 치고 예사롭지 않네

천지사방 불어오는 회오리 눈송이

바라보는 마음 분망스럽다

올 한 해

살아온 우리 모습 보는 듯도 하지만

그래도 좋다 첫눈이기에.

산 흔드는 삭풍에 흩날리는 흰 쌀가루

찾는 이 없으니 일찍 방문 닫아 걸고

차 달이는 물소리에 깜짝 깨어 보니

어느새 찻잔 속엔 설화가 피어오르네.

초겨울 쓸쓸해라 햇빛은 짧고

산 모습 삭막해라 눈꽃이 맑네

문 닫고 앉아 졸며 꿈속의 나를 보다

개 짖는 소리에 깨어 보니

차 향기 그대로이네.

봄소식

어디선가 따스한 바람

솔솔 불어 새눈 틔우니

벌, 나비 날아들어

꽃망울 살며시 터트리네

꿀 향기로 벌들이

좋아라 좋아 날아들고

벌과 꽃이 친구 되어

달디단 꿀이 되었네

달과 별이 영롱한 구슬 되어

새로 밝게 비추고

꽃은 곱게 수놓은 듯

산은 고아 아름답네

바람소리 새소리

다툼 없는 한 세상

밤낮으로 하늘에서

꽃비 되어 내리네

차디찬 새벽 공기

은근슬쩍 문틈으로 들어와

저 멀리 종소리 월광보살 잠 깨워

오고 있는 나그네에게

누구냐고 물으니

일광보살 대답하네

일광보살 대답하네

내 이름은 봄소식

봄소식이라

봄소식이라네

그렇게
오신 님

등불 같은 봄날의 강이요 강이요

향불 같은 사월의 아침이니 아침이니

일천 강의 밝은 달이 떠오르니 떠오르니

마음 끝에 이미 오시는 부처님 부처님

경사 났네 경사 났네

꽃마다 문수의 웃음이요 웃음이요

풀잎마다 관음의 눈물 눈물이네 눈물이네

무엇을 숨기려고 감출 수 있으랴

경계마다 꽃을 피우는 오신 님 오신 님

경사 났네 경사 났네

어느 가람에 어느 가람에 나투셨나 나투셨나

어느 마음에 님이 오시는가 오시는가 오시는가

빛을 쫓아 봄이 오듯 꽃은 피고 꽃은 피고

바람에 날린 꽃의 향기 옷깃에 가득 옷깃에 가득

경사 났네 경사 났네

사람마다 인정 넘치니

만리 하늘 더욱 푸르네

경사 났네 경사 났네

가을 무상無常

소슬한 가을바람 뜰 가득 싸늘한데

향기로운 울 밑 국화 서리 반쯤 맞았네

가엾다 손 내밀어 꺾어 주는 이 없으니

흐드러진 가지 끝에 실어 가는 꽃향기

물가에 밤이 내리니 금물결 달이 뜨고

타는 노을 바라보며 인생무상 배우네

산마루 흰 구름은 흩어졌다 모여들고

저 기러기 물결 위에 왔다 갔다 바쁘네

무상하다 인생이 시리도록 사무쳐야

하늘가 흰 달 보면서 저 몰래 웃는다네

물가에 밤이 내리니 금물결 달이 뜨고

타는 노을 바라보며 인생무상 배우네

인생무상 배우네

칠석七夕

밤하늘 머리 위로 은하 흐르고

푸르른 풀잎마다 별빛 머금네

한 줄기 타는 향처럼 긴긴 깊은 여름밤에

견우와 직녀 오작교에서 만났네 만났네

견우와 직녀 오작교에서 맞이하네 만났네

까막까치 하늘 높이 날아오르고

오동잎 칠석물 고이 물들이는 날

흐르는 물은 꽃 피는 꽃 피는 소리 싣고 오고

기쁜 마음 마음으로 칠석님을 맞이하네

기쁜 마음 마음으로 칠석님을 맞이하네

들으니 별빛 없이는 복과 수명도

칠석님 지극정성 새 인연 맺듯이

만고에 하늘빛 푸른 마음 전해 오니

마음마다 마음마다 공덕의 샘 넘치네

마음마다 마음마다 공덕의 샘 넘치네

기쁨 마음 넘치네

강녕康寧하소서

쪽빛 하늘에 흰 쌀 흩으니

은하수 되어 촘촘히 맑게 빛나고

겨울밤에 기도로 어둠 속에

내밀한 원이 기쁨 되었네

아픔과 회한의 목소리 들으니

붉은 미소 따뜻한 불빛 되었네

내 맘속에 언제나 찾아오는

자비심으로 나를 감싸네

복된 땅에 마음대로 어정거리고

분분한 세상 끝없는 다툼 사라지니

단비는 지나가고 오곡이 풍성하네

복록이 늘어 나날이 강녕하소서

해마다 해마다 찾아온 큰 자비

내 맘속에 온화한 꽃비 되었네

밝은 달이 찾아와 밤하늘에

작은 인연도 꽃을 피우네

복된 땅에 마음대로 어정거리고

분분한 세상 끝없는 다툼 사라지니

단비는 지나가고 오곡이 풍성하네

복록이 늘어 나날이 강녕하소서

복록이 늘어 나날이 강녕하소서

❸

기도하는 마음

鳴沙
餘韻

●

기도하는 삶

기도하는 불교적 삶의 미래는 늘 밝고 행복합니다. 기도는 절대자에게 구걸하는 타력적인 나약함이 아니라 원력願力을 세우고 그원을 완성하기 위해 끊임없이 정진하는 자력적인 수행입니다. 기도는 미래를 열어 가는 커다란 원력으로 어려운 고통을 감내하여성스럽고 영원한 내일에 행복의 문을 여는 감응의 장입니다. 기도는 아름다운 인연을 통해 항상 건강하고 복된 삶을 열고 스스로 기도할 수 있게 되어 나와 부처님이 하나가 되는 좋은 인연의 결과입니다. 기도는 나와 남을 구분하여 성취하는 것이 아니라 발원發願을통해 이웃과 함께 나누는 기쁨이고 회향입니다.

기도는 첫째, 재앙과 고통에서 벗어나기 위한 수행이고, 둘째, 행복과 건강을 부르기 위한 수행이고, 셋째, 인간의 마음에 자애로운 생각을 일어나게 하는 수행이고, 넷째, 악인의 삿된 마음을 물리치기 위한 수행이고, 다섯째, 발원하는 삶의 완성에 도달하려는 수행입니다. 불교는 기도 수행을 통해 아름답고 지혜로운 삶을 꾸미고 희망과 밝은 미래를 밝히는 등불입니다.

강물이 흘러서 바다에 이르듯

기운 달이 차서 둥근달이 되듯

이와 같은 기도 공덕으로

나와 나의 이웃들이

자비롭고 지혜롭게 살아가기를 기원합니다.

강물이 흘러서 바다에 이르듯

기운 달이 차서 둥근달이 되듯

이와 같은 법회 공덕으로

나와 나의 이웃들이

건강하고 화목하게 살아가기를 기원합니다.

강물이 흘러서 바다에 이르듯

기운 달이 차서 둥근달이 되듯

이와 같은 기도 공덕으로

세상의 모든 영가들이

어둠을 벗어나 해탈 얻기를 기원합니다.

향기롭고
때깔 고운 삶

백세시대에 접어들면서 건강에 대한 관심도가 날로 높아 가고 있습니다. 이것과 맞물린 당연한 현상이겠지만 다양한 음식물의 성분과 영양에 관한 정보 또한 넘쳐나고 있지요. 특히 요즘 들어서는 피토케미컬이라는 식물의 성분이 필수영양소로 거론되면서 세상의 이목을 크게 끌고 있습니다. '피토'의 말뜻을 찾아보니 라틴어로 '식물'이라는 말이더군요. 그렇다면 피토케미컬을 우리말로 하면 '식물성 화학물질'쯤이 되겠지요. 잘은 모르지만 전문가들의 말에 따르면 이것이 채소나 과일의 향기나 때깔을 결정하는 주된 요소인 듯싶습니다.

언어가 사람과 사람을 소통시키는 매개체라면 식물의 언어는 유기화학이라고 할 수 있다지요. 하기는 사람에게 있어서도 세포들 간의 소통, 나아가 몸과 의식 간의 소통이 유기화학적 언어로 이루어진다는 말을 들었습니다. 식물에게 있어 피토케미컬은 스스로를 외부 침입자로부터 지켜 주는 등 생존과 번식에 중요한 역할을 담당한다고 합니다. 그뿐만 아니라 우리 인간의 건강에도 매우 중요한 기여를 하는 것 같습니다.

하지만 현대화된 농사법으로 피토케미컬은 심각한 내상을 입게 되었지요. 그래서 음식물에 함유된 그것의 양이 예전에 비해 크게 떨어졌다고 합니다. 한마디로 음식의 질이라고 할 수 있는 생명력이 바닥에 떨어지게 된 것이지요. 우리는 피토케미컬의 고유한 맛과 향을 대신해 줄 조미료나 소스 같은 것을 만들어 사용합니다. 하지만 그것은 미각은 교묘하게 속일 수 있겠지만 몸과 마음의 건강을 지켜 주지는 못할 것입니다.

독일의 사상가인 루돌프 슈타이너(Rudolf Steiner, 1861~1925)는 음식이 인간의 질적 활동에 미치는 영향에 관해 흥미 있는 말을 남겼습니다. 어느 날 그의 제자가 "옛날에는 수행해서 깨달음을 얻은 수행자들이 많이 나왔는데, 요즘은 많은 사람들이 수행을 해도 왜 그런

현자들이 나오지 않습니까?"라고 물었습니다. 슈타이너의 대답은 단순명료했습니다. "먹는 음식 때문이다."였지요. 철학적이지도 않고 역사적 인과성과도 멀어 보이는 대답이지요. 하지만 다시 생각해 보면 지금도 우리 현실에 적용되는 현답賢答이었다는 생각이 듭니다.

생명력이 부실한 식생활로는 질이 높은 삶의 활동을 원활하게 하기 어렵습니다. 이것은 꼭 슈타이너가 아니라도 누구나 쉽게 상상할 수 있는 일이지요. 중요한 것은 최근 과학자들에 의해 밝혀진 사실인데, 이것은 그동안 우리가 애써 무시해 왔던 사실이기도 합니다. 다른 게 아닙니다. 인간이 음식물을 통해 얻는 생명력은 식물이 영양 부족이나 물 부족으로 스트레스를 받을 때 증가한다는 것입니다. 성장을 촉진하기 위해 영양분, 물, 이산화탄소 등을 외부에서 공급하면 인간이 절실히 필요로 하는 생명력이 감소한다는 소리이지요.

새롭게 밝혀진 이 사실은, 자기 투정밖에 할 줄 모르는 유아적 존재로 전락하고 있는, 그래서 향기도 때깔도 잃어 가고 있는 우리 시대의 자화상 같기도 합니다. 이윤만을 목표로 체계적으로 조직된 대량생산의 농업체제 속에서 식물들은 생존의 최전선을 담당하는 피토케미컬을 잃고 말았지요. 인간도 똑같은 정황 속에서 숙련된 무능력자가 되어 고유한 정체성이 파탄에 이른 것은 아닐까요?

인간에게 있어 피토케미컬이란 구체적으로 무엇을 가리킬까요? 나는 그것을 도덕적 능력 그리고 더불어 사는 삶의 능력이라 보고 싶습니다. 불교 말로 하면 지계바라밀持戒波羅蜜과 보시바라밀布施波羅蜜이 되겠지요. 식물의 피토케미컬이 휘발성 향기를 만들어 내듯 '시라Sila 케미컬'과 '다나dana 케미컬'도 계향戒香과 시향施香이라는 향기를 꽃피워 냅니다. 실제로 도덕적으로 사는 사람이나 나눔의 덕을 이룬 사람에게서는 세상에 없는 미묘한 향기가 피어남을 느낄 수가 있습니다.

자신의 삶을 가장 자기답게 발현시키는 데 삶의 의미가 있겠습니다. 지계바라밀은 이런 삶을 이루는 토대 중의 토대라고 할 수 있습니다. 삶의 근원적 평화의 원초적 경험인 선정삼매와 모든 존재가 따로따로가 아님을 명료하게 아는 반야지혜가 다 지계바라밀에서 나오기 때문이지요. 부처님께서는 삶의 기쁨 곧 '피티pitti'의 중요성을 강조하는 말씀을 거듭거듭 하십니다. 더 중요한 것은 이 기쁨이 지계바라밀에서 나온다는 사실을 함께 말씀하신다는 점입니다.

대지 없는 초목을 상상할 수 없듯이 지계바라밀 없는 선정삼매도 생각할 수 없겠습니다. 우리 불법문중에서 지계바라밀을 토대로 하지 않는 지혜를 스스로를 속이는 마른 지혜로 여겨 극히 경계하는 것도 이 때문이라 하겠지요. 세상의 모든 가치를 권력이 만든 허상으로 환원하는 데서 더 나아가지 못하는 포스트모던적 문명의 한계도 이 마른 지혜에서 비롯되지 않았나 하는 생각이 들지요.

속리산 법주사에서 주지 소임을 맡아 보신 석상石霜이라는 스님이 계셨습니다. 계행과 신심이 대단했던 스님인데 주지 소임을 보시던 1939년에 큰 원력을 세우고 미륵대불을 조성하게 됩니다. 대동아전쟁이 터지는 바람에 계획이 바뀌어 조상造像 소재가 시멘트로 바뀌긴 했지만 김수곤 거사의 장한 신심과 김복진 불모佛母의 천재적 예술성 그리고 석상 스님의 간절한 원력이 한데 어우러진 높이 80척의 대작불사大作佛事였지요.

김수곤 거사는 석전 박한영 스님을 비롯해 당대의 여러 고승 대덕들을 극진히 외호外護했던 이름난 장자長者였습니다. 또 김복진 불모는 동경미술학원 조각과에 입학하여 한국인으로는 처음으로 서구식 조각을 공부했는데, 그의 천재적 예술성은 지금도 높이 평가받고 있습니다. 이분은 1920년대 말 일제에 의해 6년 동안 옥고를 치르는 동안 불교에 귀의하여 고금의 부처님 조각상을 널리 공부한 특이한 이력이 있습니다. 김복진 불모는 대불 조성을 완성하지 못하고 도중에 세상을 뜨고 말았습니다. 제자들에 의해 그의 예술적 숨결을 잘 살려 완성된 시멘트 미륵대불은 아쉽게도 지금은 뵐 수가 없습니다. 하지만 내게는 행자시절 그때나 현재에도 나의 예경을 받아 주시는 가슴속의 부처님으로 여여히 남아 계십니다.

1942년 가을, 드디어 완성된 미륵대불께 복장을 모시고 점안을 올리게 되었습니다. 주지 석상 스님은 팔십을 넘긴 상노스님이었지만 부처님께 올릴 공양물은 손수 챙기셨습니다. 점안식 하루 전날이었다지요. 스님이 장독대에 올려 둔, 깎은 밤을 가지러 가니 밤이 한 톨도 보이지 않았습니다. 간밤에 쥐들이 물어 간 것입니다. 이것을 보신 석상 스님께서 한마디하셨습니다. "아무리 미물 중생이로소니 어떻게 부처님께 올릴 공양물을 다 물어 갈 수 있을까…." 이 일이 있고 얼마 뒤, 간장을 뜨러 장독대에 간 공양주는 그릇에 가득 담겨 있는 밤 무더기를 보고 크게 놀라게 되었다지요.

　이 일화는 당시 복장 점안을 주관했던 묵담 대율사께서 가끔 법문 삼아 대중에게 들려주시던 말씀입니다. 율행이 시퍼렇던 47세의 묵담 율사께서도 비상히 감복했던 산중의 기적이었던 것 같아요. 옛 스님 법문에 "정말 중요한 것은 언어 이전의 언어에 있고, 참된 실상은 설명 듣기 이전에 간파해야 한다."라고 하셨습니다. 인간의 언어가 미치지 못하는 쥐들과 서로 소통할 수 있었던 석상 스님의 언어는 과연 무엇이었을까요? 아무리 생각해도 그것은 시라케 미컬의 부사의한 공능으로밖에는 설명할 길이 없어 보입니다. 우리가 서둘러 회복해야 할 신통이나 삶의 향기가 있다면 바로 이런 능력이 아닐까요?

　식물은 광합성을 통해 얻은 탄수화물의 30퍼센트 정도를 다시 토양 속으로 회향해 돌려보낸다고 합니다. 이렇게 함으로써 땅속의 박테리아, 균류, 원생동물, 선충류, 지렁이, 개미 그리고 그 밖의 여러 곤충들과 공생관계를 형성하는 것이지요. 물론 옥수수, 콩, 밀 같은 극소수의 곡류는 자신의 모든 에너지를 오직 열매 맺는 데만 쓰기도 합니다. 하지만 대다수 식물들은 대지의 표토층과 상생관계를 맺고 있음이 최근 과학자들에 의해 밝혀졌습니다. 생태계의 성스러운 약속으로 여겨지는 이런 현상은 때때로 우리 자신의 삶을 비춰 보게 하는 거울이 될 때가 많지요.

우리 인간도 하늘과 땅의 기운을 조화롭게 연결해야 하는 역할을 타고났는지 모릅니다. 아메리카 인디언의 과거 역사를 보면 이 점이 더욱 분명해집니다. 그들은 공동체에 문제가 생기면 과거 7대의 조상과 미래 7대의 후손에게 미칠 영향을 살핀 뒤 해결책을 결정했다고 합니다. 인간의 삶의 의미를 과거 그리고 미래와의 협력관계로 본 것이지요. 공간만이 아니라 시간까지 공유하는 놀라운 공생 감각이 아닐 수 없습니다. 피카소는 "알타미라 동굴벽화 이후의 인간 역사는 타락뿐이다."라고 했다 합니다. 하지만 한 치 앞의 미래도 한 치 뒤의 과거도 고려함 없이 살아가야 하는 현대문명을 보면 역사의 타락은 인디언문명 붕괴 이후부터가 아닌가 하는 감이 들지요.

서로 나누어야 생존할 수 있는 삶의 질서를 순환이라 말할 수 있겠습니다. 순환이 흐름을 멈추는 순간 역사의 타락과 삶의 고통이 발생하게 됩니다. 그래서 불교 특히 대승불교에서는 서로 나누는 삶인 보시바라밀을 해탈을 성취하는 가장 중요한 실천행으로 삼고 있습니다. 평화에 이르는 길은 오직 평화일 뿐이듯 해탈에 이르는 길은 해탈행인 보시바라밀 그 자체인 것이지요. 보시는 무아행無我 行입니다. '나'가 있는 손으로는 청정한 나눔을 실행하기가 어렵습니다. 설사 실천한다고 하더라도 그것은 '나'를 더욱 강고하게 만들 뿐이지요. 그래서 "오른손이 하는 일을 오른손도 모르게 하라." 하신 것입니다.

무아의 이치를 알아야 무아행을 할 수 있지만 무아행을 공들여 하다 보면 문득 무아의 도리에 계합하는 순간이 올 수도 있습니다. 천수관세음보살님의 손은 늘 나를 비운 빈손으로 계시기에 나누는 천 손 만 손을 끝없이 나투실 수 있지요. 결정되어 있는 실천법은 없습니다. 자신의 근기에 맞춰서 무엇보다도 보람과 기쁨을 실감할 수 있는 길을 자발적으로 선택해야 합니다. 그래야 시가 있고 노래가 있는 삶이 됩니다.

자로가 스승인 공자님께 묻습니다. "여기 한 사람이 있습니다. 그는 일찍 일어나고 밤이 깊어야 잠자리에 들면서 열심히 농사일을 합니다. 그는 일에 묻혀 손과 발이 부르트도록 고생하면서 부모를 봉양하고 있습니다. 그럼에도 효자라는 말을 듣지 못합니다. 왜 그럴까요?" 공자님의 대답입니다. "생각해 보건대 그 사람은 자신을 공경할 줄 모르는 것이 아닐까? 아니면 말을 순하게 할 줄 모르는 것이 아닐까? 아니면 얼굴빛을 부드럽게 할 줄 모르는 것이 아닐까?"

지계바라밀과 보시바라밀은 자기를 가장 자기답게 발현시키는 실답고 진실한 삶의 길입니다. 이것은 자신에게 올릴 수 있는 최상의 공양이기에 자신을 누구와도 비교하지 않습니다. 그러기에 말은 담백하고 솔직하고, 눈은 경이감과 겸손으로 빛나고, 얼굴은 만족감과 우애로 넘칩니다. 불자는 이런 삶이 언제 어디서나 생각 이전에 저절로 피어나야 하겠지요. 그래야 석상 스님처럼 시라케미컬과 다나케미컬이 발산되어 향기롭고 때깔 고운 삶을 넉넉히 수용하게 될 것입니다.

지금 우리들의 생존 토대인 지구의 자연환경은 『법화경』의 화택火宅을 실감하게 하는 매우 심각한 상태에 놓여 있습니다. 화인火因을 말하자면 한두 가지가 아니겠지만 환경재난과 경제적 불평등이 그 대표적인 원인이 될 것입니다. 지금까지 개발과 성장이 시대의 주제였다면 지금부터는 환경과 나눔이 새 시대의 새 주제가 되어야 할 것입니다. 이런 정황에서 생각해 보면 청정행인 시라케미컬과 무아행인 다나케미컬은 화택의 불을 끌 수 있는 다시 없는 소화수消火水라 믿어집니다. 중요한 것은 실천입니다. 미국에서 매카시 선풍으로 반공훈련이 강요되던 정치적 쇼에 저항하던 헤네시는 반공 사이렌이 울려도 피하지 않고 그 자리에 서 있었습니다. 그러자 누군가가 물었습니다. "네가 그런다고 해서 세상이 바뀌겠는가?" 헤네시는 이렇게 대답했지요. "내가 미국을 변화시킬 수 없지만 미국이 나를 변화시킬 수 없다는 것을 분명히 보여 줄 수는 있다." 우리도 이런 각오와 결심으로 지계바라밀과 보시바라밀을 실천할 때 향기롭고 때깔 고운 삶과 세상이 열리게 되겠지요.

해와 달, 뭇 별이 따뜻해지니

시리고 아프고 지친 삶

우리들 가슴에 붉은 꽃 피워

긴 겨울 얼음 봄눈 녹듯이

한순간에 녹이네요.

마음에 따스한 바람 불어

백 가지 꽃미소에 새들이 노래하니

우리들 마음에도

벌써 봄이 왔네요.

봄은 늘 어제인가 했더니

지지 않는 봄이 오늘 열렸네요.

백일관음기도를
시작하며

"오, 그대가 홍련인가?"

왕이 반색하며 말했다.

"그대가 정녕 내 친구 남순으로 하여금 사랑에 빠져 정신을 잃
게 만들었다는 그 미모의 여인이란 말인가? 이해할 수 없구나. 내
눈에는 다른 여인과 별로 다를 바가 없는 평범한 용모가 아닌가!"

홍련이 말했다.

"하지만 대왕의 눈은 남순의 눈이 아니지 않사옵니까?"

전해 오는 서역 지방의 옛이야기 한 토막입니다. 이 이야기가 천
년 세월을 견디며 오늘날까지 전해 내려오고 있는 데는 그만한 까
닭이 있을 것입니다. 우리는 그가 누구든지 이 이야기 속에 등장하

는 세 사람 가운데 어느 한 사람임을 면할 수가 없지요. 왕일 수도, 홍련일 수도, 남순일 수도 있습니다. 흥미로운 것은 세 사람이 각기 자기일 수 있는 것은 저마다 세상을 보는 다른 눈을 갖고 있기 때문이라는 점입니다. 물론 세상을 똑같은 눈으로 봐야 할 필요는 없지요. 이것은 자신이나 세상을 위해서도 매우 경계해야 할 일이기도 합니다. 한 가지 시각만을 구조적으로 강요하는 전체주의가 끼친 해독은 모두가 잘 알고 있는 끔찍한 역사적 사실이기도 합니다.

그럼에도 '사람들의 눈은 왜 저마다 다른 것일까?'에 대한 물음은 언제나 새롭고 때에 따라서는 심오한 느낌마저 들게 하지요. 인도에서 철학哲學을 '다르샤나dar' syana' 곧 '봄[觀]'이라고 한 까닭도 필경 이런 물음과 무관하지는 않을 것입니다. 우리는 저마다 세상과 사물을 다르게 봅니다. 그러고는 이어서 좋아하거나 싫어하는 감정을 일으키지요. 왜 그럴까요? 철학은 말할 것도 없고 요즘은 생물학, 심리학, 뇌과학, 신경학, 사회학 같은 여러 분야에서까지 새롭고 매우 전문적인 답을 들려주고 있습니다. 그러나 나 같은 보통 사람들도 무난히 이해할 수 있도록 말하자면 '교육에 의해 형성된 가치관과 다양한 감정 그리고 충동적 본능에서 기인하는 것이기 때문'이라고 할 수도 있을 것 같습니다. 물론 요즘처럼 가치관에 대한 교육과 사유가 허술하기 짝이 없는 사회현실을 감안한다면 또 다른 이야기도 가능할 것입니다. 이를테면 행복하고 편안하지 않으면 불안해 견디지 못하는 전체주의적 사회심리를 끝없이 재생산해 내는 제도와 시스템 같은 것들이 될 것입니다.

'내 눈은 이것을 왜 이것이라고 보는가?'는 불교의 원초적 물음 가운데 하나이기도 합니다. 불교, 특히 인식 활동을 근원적으로 통찰하는 유식에서는 우리 앞에 드러나는 보이고 들리는 세계현상을 욕망의 이미지에 의해 형성되어 매 순간 흘러가는 실체성이 없는 사건으로 파악하고 이것을 이것으로 보는 자기 욕구를 고요히 성찰하도록 이끌고 있지요. 세계현상을 설명하는 이런 안목은 마치 물질의 본질이 관찰자가 보려는 욕구에 따라 입자나 파동으로 나타난다는 현대입자물리학의 이론과 흡사한 면이 있어요. 그러니까 우리는 있는 그대로의 세계를 보는 것이 아니라 자신이 보고자 하는 세계를 본다는 소리입니다.

중요한 것은 '그래서 어쩌자는 것이냐?'는 물음에 대한 불교의 대답입니다. 불자라면 다 알고 있듯이 불교는 개인, 사회, 자연환경이 함께 행복해질 수 있는 길을 열어 보이고 있으며 이 같은 세상을 이루는 데 있어 인간의 역할과 책임을 크게 강조하고 있습니다. 그러자면 먼저 우리가 아무 생각 없이 맹목적으로 추구하고 있는 안락이라는 목표의 이면에 깃들어 있는 욕망의 구조와 본질을 읽어 내는 바른 눈, 곧 정견正見을 갖춰야 하겠지요. 그래야만 가족이나 친구를 함부로 대하지 않듯 다양한 민족, 인종, 문화, 종교, 나아가 풀한 포기, 먼지 한 알에 이르기까지 그들을 함부로 대하지 않는 온전한 삶을 이루게 될 것입니다. 불교에서는 이런 눈을 얻어 내는 다양한 노력을 수행 또는 기도라고 부르지요.

충청북도 청주 관음사에서는 해마다 백일관음기도를 올리고 있습니다. 생각해 보면 이 기도는 내가 이 도량에 머물던 1988년에 시작했으니 수십 해 동안 이어져 온 것입니다. 사람으로 치면 이제 의젓한 청년쯤 되었을까요. 우암산 숲속의 나무들을 눈여겨보면 이 수령의 나무들이 잎도 푸르고 꽃도 곱고 열매도 많은 것을 알 수 있습니다. 마찬가지로 해마다 올리는 이 백일관음기도가 여느 해보다 더 많은 가피의 꽃과 더 확실한 공덕의 열매를 맺게 되리라 믿어집니다. 이 기도를 처음 시작했던 내가 이 산 저 산을 떠돌다 이제야 관세음보살님께 돌아와 신심 깊은 여러 불자님들과 함께 백일기도를 올리게 되었으니 그 감회와 기쁨이 이루 말할 수 없이 큽니다.

　부처님께서는 "밖에서 들어온 것은 보배가 아니다."라고 말씀하십니다. 돌아보면 우리가 누리는 것들 치고 밖에서 온 것이 아닌 것이 없지요. 돈, 권력은 물론이고 기쁨이며 괴로움도 마찬가지입니다. 밖에서 왔기에 언젠가는 밖으로 사라질 것들, 부처님께서는 이런 것들은 진정한 보배가 아니라고 말씀하십니다.

　우리는 이런 것들 때문에 죽기도 하고 악을 쓰며 살기도 합니다. 말 그대로 사소한 것에 목숨을 거는 셈이지요. 그렇다고 이런 것들을 부정하고 무시하자는 말은 결코 아닙니다. 개인적으로도 사회적으로도 이런 것들은 아름답고 바람직한 관계를 형성하는 데 있어 없어서는 안 될 값진 매체요, 효소가 되기 때문입니다. 다만 이런 것이 진정한 보배가 아님을 알았을 때 빵을 자르고 과일을 깎는 칼처럼 그것을 바르고 평화롭게 쓸 수가 있다는 말입니다. 그래서『능엄경』에서는 "보배 아닌 것들을 번뇌 없이 편히 다룰 수 있는 님이라면 그는 곧 여래와 같다[若能轉物 卽同如來]."라고 말씀하신 것입니다.

어떻게 그것들이 보배가 아닌 줄을 알 것인가요? 우리가 백일관음 기도를 올리는 목적이 바로 여기에 있습니다. 뜻대로 소원을 이뤄 준다는 보배인 여의주如意珠를 수청주水淸珠라고도 부르지요. 수청주는 탁한 물을 맑히고 깨끗하게 하는 힘이 있습니다. 우리가 백일 동안 간절하고 절실한 정성으로 일심으로 관세음보살을 부르면 관세음보살이라는 명호가 한 알 한 알의 수청주가 되어 보배 아닌 것들로 흐려진 자신의 삶을 청정하게 맑혀 끝내 진정한 보배를 보게 할 것입니다.

가을은 차 마시기 좋은 계절일뿐더러 기도하기에도 좋은 절기이지요. 우암산에 산과일 떨어지는 소리를 듣듯, 법당 앞 섬돌 밑에 엎드려 우는 풀벌레 소리를 듣듯, 관세음 관세음 하며 외쳐 부르는 자기 소리를 듣고 또 듣다 보면 관세음이 관세음을 부르는 소리를 역력히 보게 되어 바라는 소원을 다 이루게 될 것이니 하물며 나머지 소원이겠습니까. "한 잎 붉은 연꽃잎 타고 그 몸 고해에 나투시는 님아, 드센 파도 깊은 곳마다 자비신통 다 드러내시네[一葉紅蓮在海中 碧波深處現神通]."라는 게송 말씀이 결코 헛되지 않음을 알게 될 것입니다.

『분노하라』라는 책을 펴내어 세계적으로 분노 신드롬을 만들어

낸 프랑스의 투사 스테판 에셀의 또 다른 저서 『지금 일어나 어디로 향할 것인가』에 이런 구절이 있지요. "우리의 삶은 산문적 부분과 시적 부분으로 양극화되어 있다. (……) 하지만 참다운 삶은 시적으로 사는 것이다." 공간적 상상력에만 갇혀 근원에 대한 상상력이 메말라 버린 현실을 살아가는 우리로서는 이런 말이 상식적인 대화로 소통될 수 있는 사회가 참 부럽기까지 하지요. 물리학자 닐스 보어는 "우주와 삶의 신비는 결코 수학적인 언어로는 설명될 수 없다. 오직 시적 언어로만 드러낼 수 있다."라고 말하고 있습니다.

　'관음觀音'은 그 명호 자체로 심오한 시어詩語이며 나아가 모든 시어가 분출되는 시의 샘이랄 수 있습니다. 더 말할 것도 없이 시는 결코 미사여구美辭麗句의 나열일 수 없습니다. 그것은 함께하는 아름다운 삶을 노래하는 관음의 따뜻한 눈물이자 거룩한 분노일 것이니 지극한 정성으로 관세음을 외쳐 부르며 근원에 대한 바른 눈을 떠 가는 관음행자야말로 시적 삶을 온몸으로 써 가는 진정한 시인이라 하겠습니다. 보배 아닌 보배와 진정한 보배를 밝게 알아보는 눈이 열린, 그래서 홍련에게 눈 아닌 눈을 공양 올린 남순이야말로 바로 그런 성스럽고 아름다운 시인이라 하겠습니다.

우암산 찬 솔잎이 흰 서리로 반짝이고

무심천 갈대꽃이 찬 물결에 흔들리니

벼랑마다 단풍잎이여 관음의 웃음이요

하늘 끝 붉은 구름이여 보현의 춤이로다.

수척한 하늘 산은 안개 속에 있고 없고

오동잎 쌓인 빈 뜰에 금빛 달빛 깊어지면

풀 뽑고 땀 흘리며 기다리던 백일관음기도

관음도량 관음사에 향불 타오르네.

기도는 사람의 마지막 재산이요

가을은 그 기도 올릴 가장 좋은 시절이니

손 씻고 새 옷 입고 오옵소서 시방시주여

자비 깊으신 관세음께 참회 발원 올리옵고

소리소리 걸음걸음 염주 쥐고 큰절하며

관세음 관세음 간절히 염하시면

일체 고액 소멸하고 묵은 소원 성취하고

본래 이미 이뤄진 소망 어이 더디 이루실까.

겨울밤과
대비주 기도

　흰 눈이 우암산을 뒤덮고 매운바람이 무심천을 메우고 있습니다. 다시 겨울이 온 것입니다. 누군가는 "봄은 소녀요, 여름은 어머니요, 가을은 미망인이다."라고 했더군요. 그렇다면 겨울은 무엇이라고 말할 수 있을까요? 그것은 어쩌면 계절의 블랙홀 같은 것일지도 모릅니다. 과학자들의 말에 따르면 블랙홀은 시간이 정지된 상태이긴 하지만 그렇다고 절대무絶對無는 아니라고들 하지요. 성장과 소멸이 멈춘 겨울도 일체가 사라진 영원한 정지는 아니라는 말입니다.

　어떤 분은 백제관음의 아름다움을 '얼어붙은 소나타'라고 표현했습니다. 아름다움을 읽는 눈과 그것을 느끼는 감수성에 따라 시간의 옷을 입고 스스로를 드러내는 백제관음처럼 겨울도 자신을 방문

하는 포근한 빛과 바람 앞에 정지된 시간의 문을 열고 흐르는 모습과 향기를 펼쳐내 보이지요.

움직임도 소리도 드문 겨울은 문 밖 출입을 멈추고 말없이 포단 위에 앉아 있는 수행자를 떠올리게 합니다. 겨울 그리고 수행자의 밤과 낮은 빛나는 침묵과 싱그러운 휴식으로 넘쳐 흐릅니다. 하지만 이 침묵과 휴식은 타는 외로움과 사무치는 아픔을 동반하는 것이기도 합니다. 오직 즐기기만을 좋아하는 요즘 사람들, 특히 젊은 이들 대개는 이런 외로움이나 아픔을 반기지 않습니다. 다 알고 있듯이 고통과 외로움을 모르는 사람에게는 삶의 이해와 깊이가 생겨나기 어렵습니다. 삶은 레크리에이션이 아니라고 하지요. 겨울이 혹독한 추위 속에서 생명의 봄을 잉태하듯이 우리 불자들은 얼어붙은 시절일수록 그것을 직시하며 복되고 의미 있는 삶의 길을 준비해야 합니다.

『유마경』에 "길 아닌 길로 가라."는 말씀이 있습니다. '길 아닌 길'이란 세상이 만든 가치나 삶의 방식이 아니라 투명한 자각 속에서 열리는 생기발랄하고 자유로운 삶의 실천을 말합니다. 이런 노력들을 '수행修行'이라고 부르지요. 불교 수행의 출발은 '몸과 마음을 비춰 보는 일[照見五蘊]'입니다. 삶의 현재 상황을 있는 그대로 지켜보고 듣는 일이라는 말이지요. 개별적 삶뿐만 아니라 역사적 삶도 마찬가지입니다. 중첩된 사건일수록 그 흐름을 잘 듣고 문제의 본질을 여실히 볼 때 비로소 가야 할 길과 방향이 선명해지기 마련입니다.

'녜얼[聶耳]'은 중국의 국가[國歌]를 작곡한 사람입니다. 윈난[云南] 출생으로 집안이 몹시 가난해 독학으로 피아노와 바이올린을 익힌 타고난 음악가입니다. 한의사인 아버지가 일찍 세상을 뜨자 어머니가 남편을 대신해 환자들을 맞았습니다. 녜얼은 귀가 유난히 컸고 무슨 소리든 예민하고 정확하게 잘 들었다고 합니다. 그래서 어머니는 녜얼을 불러 환자의 배에 귀를 대고 소리를 듣게 한 뒤 그것에 대해 말하게 했습니다. 그런 뒤 약을 지어 주었는데 매우 신통한 효과가 있어 많은 환자들이 몰려들었다고 합니다.

복잡하고 심각한 문제일수록 그것의 해법을 밖을 향해 묻기에 앞서 먼저 그 문제가 일으키고 있는 소리를 정확하게 들을 수 있어야 합니다. 이렇게 묻기에 앞서 잘 듣는 일을 불교에서는 '불문문[不聞聞]' 곧 '들음이 없이 들음'이라고 합니다. 녜얼[聶耳]은 '귀[耳]'로만 이루어진 그의 이름처럼 타인과 역사의 아픔에 시시각각 귀를 열고 살았습니다. 그래서 그는 나라와 민족을 짓누르고 있는 병과 해법이 무엇인지를 명확히 이해할 수 있었던 것이지요. 이 점이야말로 1934년, 그가 스물네 살에 작곡한 〈풍운의 소녀風雲女兒〉라는 영화 주제곡이 1949년 중국의 국가로 지정될 수 있었던 결정적인 이유라 할 것입니다. '일어서라! 노예가 되고 싶지 않은 사람들아!'로 시작되는 경쾌하고 비상히 역동적인 박자와 선율은 더 말할 것도 없이 솟구치는 대륙의 의지요, 막을 수 없는 민중의 외침이었던 것입니다.

삶의 내면이 지어 내는 소리를 듣기란 쉽지도 않거니와 때로는 고통스럽기까지 합니다. 그것은 결코 지치거나 피로해하지 않는 크나큰 자비심이 바탕이 되지 않으면 안 됩니다. 우리 시대의 양심적인 지식인으로 일컬어지는 노암 촘스키는 "인류의 고통에 대한 참을 수 없는 연민이 내 삶을 이끌고 있다."고 말한 적이 있습니다. 불교에서는 이것을 '보리심'이라고 하는데 이 마음이 없으면 내밀한 안팎의 소리를 잘 들을 수가 없습니다. 혹 무슨 소리를 듣는다고 해도 그것은 스스로가 만든 잘못된 환청幻聽이기 쉽습니다. 나아가 우리는 이 자비심이 추상적인 정열로만 작용한 일체의 수행과 사회운동이 처음 의도와는 달리 끝내는 자신과 세상을 더 힘들게 만든다는 사실 또한 늘 경계하지 않으면 안 될 것입니다.

이런 이야기를 들은 적이 있습니다. 중국 서북지역 그러니까 서북 내몽골 초원을 떠돌며 양떼와 함께 일생을 보낸 여인이 있었는데, 이 여인은 수천 년 동안 이어져 내려온 초원의 목가牧歌를 온전히 계승하고 있었습니다. 여인의 목가는 쪽빛 하늘 아래 펼쳐지는 초원과 그 초원 위를 덧없이 스쳐 지나가는 삶의 실상을 잘 갈무리하고 있어 듣는 사람들로 하여금 자유와 생명력으로 충만된 삶의 원 기억을 되찾게 해 주었습니다.

중국 정부에서는 이 여인을 무형문화재로 지정했고 틈틈이 무대 위에서 초원의 노래를 부르도록 했습니다. 그러던 차에 예상치 못했던 일이 벌어졌습니다. 여인의 소리가 몰라보게 달라진 것입니다. 정부에서는 전문가를 보내어 원인을 알아보도록 했는데 그것은 다른 것이 아니었습니다. 당시 중국 정부는 지나친 방목으로 서북 초원이 사막화되자 이 지역에서의 모든 방목을 법으로 금지했습니다. 이렇게 하여 초원을 잃게 된 여인은 정부에서 안배해 준 아파

트에 갇혀 나날을 보내야 했지요. 바로 이것이 여인의 소리가 달라지게 된 진짜 이유였던 것입니다. 초원을 잃자 여인은 더 이상 자신의 삶을 노래할 수 없게 되었습니다. 아니, 노래할 삶 자체가 홀연히 증발해 버렸던 것입니다. 이 사실을 알게 된 정부는 이 여인에게만 초원의 삶을 다시 살 수 있도록 특별한 배려를 해 주었습니다. 여인이 옛 소리를 찾게 된 것은 물론입니다.

자비심은 삶의 근원적인 초원입니다. 삶의 희로애락과 생로병사가 이 자비심이라는 초원 위에 방목될 때 우리는 참을 수 없이 싱그러운 삶의 순간들을 온전히 노래할 수 있게 됩니다. 이 시대는 누구 말대로 이야기가 사라진 시대가 아니라 노래가 사라진 시대라고 할 수 있을 것입니다. 정치, 문화, 예술 할 것 없이 그 모든 삶의 영역이 프로파간다로 변질된 천박한 시대를 살아야 하는 우리들이 서둘러 해야 할 일은 자비심의 초원으로 되돌아가 귀의歸依하는 일일 것입니다. 우리들은 스스로 자신의 삶이 매우 자유롭다고 생각합니다. 그러나 잘 들여다보면 이내 그것이 환상임을 알 수 있습니다.

정치적인 삶만 보더라도 그렇습니다. "사람들은 자신이 자유롭다고 믿는다. 그러나 그것은 완전한 착각이다. 그들은 선거 기간 동안

만 자유로울 뿐이다. 선거가 끝나면 사람들은 모두 다시 노예가 된다." 이것은 250년 전 루소가 한 말이지만 지금이라고 해서 달라진 것이 없습니다. 어찌 정치적인 삶뿐이겠습니까. 욕심과 어리석음을 떨쳐 내지 못하는 한 삶의 총체적인 영역 또한 다 마찬가지일 것입니다.

관음사에서 공들여 올리고 있는 '신묘장구대다라니 기도'는 '대비주大悲呪 기도'라고도 불립니다. 삶의 본원이 자비심임을 굳게 믿고 그 초원에 돌아가기를 간절히 소원하는 기도입니다. 우리 모두가 어머니의 아들딸이듯이 평화롭고 온전한 모든 삶 또한 자비심의 분신입니다. 별빛이 맑고 어둠이 깊은 겨울밤을 텔레비전 앞에서 헛되이 낭비하지 맙시다. 겨울밤의 복된 어둠 속에 홀로 앉아 자신이 외우는 대비주 주문에 묻어 있는 내밀한 원과 기쁨, 아픔과 회한의 목소리에 귀를 기울여 봅시다. 백제관음만이 얼어붙은 소나타가 아닙니다. 얼어붙었던 자비심의 숨길이 다시 살아나는 소리를 소나타를 듣듯 귀 기울여 듣는 당신에게 다함없는 복과 평화가 찾아올 것입니다. 어디엔가 오아시스가 있어 사막이 아름다운 것처럼 어

156

디엔가 자비심이라는 따뜻한 불빛이 있어 이 겨울이 그리고 이 삶
이 귀하고 아름다운 것이 아닐까요?

칙륵의 시냇물은 음산 아래로 흐르고

천막 같은 둥근 하늘은 온 초원을 덮었구나.

하늘은 푸르고 초원은 아득한데

바람 불어 풀 누우니

소떼, 양떼 보이네.

〈칙륵가〉

어느 순간도 쉼 없이

어제가 오늘이네

을미년

새날 새아침 복짓는 삶

함이 없는 큰 복 받으세요

두 손 모아 부처님께 축원합니다

올 한 해

봄 여름 가을 겨울

사계절이 따뜻하고 순조로우며 조화롭다면

눈은 아름답고

귀에는 시비분별 끊어지고

코는 미묘한 향

혀는 담박한 맛

몸은 가뿐하고 자유로운 내 삶

이런 뜻 항상 마음에 품고

자나 깨나 잊은 적 없다면

하늘은 맑고 맑아서 마음을 비춰 보니

부처님께서

어찌 소원 들어주지 않으리오

고요한 밤 텅 빈 산에

밝은 달빛 눈처럼 새하얗네

소슬한 솔바람 방안에 들어오니

오늘 우리 집 온화한 바람 되어

서로 기뻐하며 춤추네.

원성취진언

옴 아모까 살바다라 사다야 시베훔

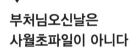

부처님오신날은
사월초파일이 아니다

　암울한 심정으로 맞아야 했던 부처님오신날이었습니다. 이것은 물론 누구 혼자만의 감상은 아니었을 것입니다. 불자들은 말할 것도 없겠고 조금이라도 양식이 있는 사람이라면 일부 출가자들이 보여 준 막행莫行 앞에 말문이 막혔을 것입니다. 어쩌다 이 땅의 불교가 이 지경에 이르게 되었을까! 우리는 전고前古에 없는 침통하고 서글픈 마음으로 초파일 등을 밝혀야 했습니다.

　"상한 백합이 풍기는 악취는 썩는 잡초 냄새보다 더 고약하다(Lilies that fester, smell far worse than weeds.)." 당시 부패한 종교계를 두고 말한 세익스피어의 풍자諷刺가 오늘날 우리 불교계에 해당되는 말이 될 줄은 누구도 상상하지 못했을 것입니다. 그럼에도 말도 되지 않는 이

어처구니없는 사태가 우리를 다만 절망의 나락으로 넘어뜨리지 않는 것은 아직은 그것이 세상을 놀라게 하는 뉴스거리가 될 수 있다는 사실입니다. 아전인수적인 궤변이 될지 모르겠지만 이 사실은 "이것은 정녕 불교가 아니다."라는 강력한 메시지를 담고 있는, 세상의 불교에 대한 큰 기대와 애정으로 믿어지는 일면이 있기 때문입니다. 하지만 불교계의 불미스러운 일을 바라보는 전혀 다른 그리고 보다 대중적인 시각이 없는 것은 아닙니다. 그 시간 수많은 선원과 기도도량에서 밤을 밝히며 정진하고 기도하던 사부대중의 존재는 조금도 개의치 않고 마치 그것이 한국불교의 진면목인 것처럼 오도한 언론의 무책임성과 이 사태와는 비교할 수 없이 엄중한 사안에 대해서는 한사코 입을 다물면서 승려 또는 승단 자체의 문제를 사회 전체의 문제로 확대 비화시켜 연일 떠들어 댄 병든 언론의 정의롭지 못한 행태에 대한 날카로운 지적이 그것입니다. 약자라 해서 함부로 짓밟아도 되는 세상, 개개인의 행위와 조직의 정체성을 혼동하는 전체주의적 사회는 야만적이고 미숙한 사회임이 분명합니다.

나는 이번 일을 계기로 지금까지 부처님오신날을 너무 상투적으로 맞아 오지 않았나 하는 깊은 반성을 하게 되었습니다. 우리들은 특정한 의식이나 교육을 통해 유명한 성인군자며 영웅호걸을 인간의 영적 성장과 역사 발전에 이바지한 위대한 존재로 높이 기리고 숭상하는 전통을 이어 오고 있습니다. 물론 그런 사람들에게는 마땅히 존중받고 기림받을 만한 덕과 힘이 있는 것이 사실입니다. 그러나 우리가 이런 면에만 눈이 팔려 그분들의 삶의 배경을 이루는 구체적인 시대 정황을 이해하고 그것을 자신의 삶과 연관시키는 역사적 상상력을 결여하고 있는 것 또한 사실입니다. 다시 말해 그분들이 왜 하필 그때 우리 곁에 와야 했으며 그것이 지금 나의 삶에 어떤 의미를 갖는가에 대한 깊이 있는 물음과 통찰이 뜻밖에도 잘 이루어지고 있지 않아 보인다는 말입니다. 생각해 보면 성인군자나 영웅호걸이 오실 필요가 없는 그런 시대 그런 역사야말로 가장 평화롭고 삶다운 삶이 가능한 이상세계로 보이기도 합니다. 성인의 특별한 메시지가 필요한 시대 영웅호걸이 주도한 전쟁이 필요한 시대를, 그런 님이 오셨다는 이유 하나만으로 무턱대고 찬미할 수만은 없는 일입니다.

　『법화경』의 말씀에 따르면 석가모니 부처님께서 우리 곁에 오신 까닭은 우리가 사는 세상이 오탁악세五濁惡世이기 때문임을 알 수 있습니다. 오탁악세란 다섯 가지가 혼탁해서 험하고 거칠어진 탁악濁惡한 세상이라는 말입니다. 다섯 가지란 시대, 생각, 감정, 몸, 그리고 생태환경입니다. 옛사람도 지금 사람도 미래의 사람도 이 다섯 가지 요소를 떠나서는 존재할 수가 없습니다. 그만큼 그것은 뭇 사람들의 삶을 결정짓는 핵심 요소인 생존의 기본 토대인 것입니다. 문제는 이 다섯 가지 요소가 맑고 건강하냐 그렇지 않으냐 하는 것입니다. 탁濁은 흐리고 어둡다는 의미로 청정 또는 광명의 반대말입니다. 그러니까 부처님께서는 우리에게 오정선세五淨善世 혹은 오명선세五明善世의 삶을 실현하는 길을 보여 주시고 그런 삶의 기쁨을 함께 나누고자 이 땅에 오셨다는 말입니다.

우리는 대량실업, 부의 양극화, 인권과 생명 경시를 구조적으로 강요하는 이른바 신자유주의경제 시대를 살아가고 있습니다. 그리하여 사회적 부는 1퍼센트에 집중되고 나머지 99퍼센트는 비인간적인 빈곤을 참아 견디며 살지 않으면 안 될 살벌한 세상을 눈앞에 마주하고 있습니다. 이것은 『법화경』에서 말씀하시는 겁탁劫濁 곧 어둡고 혼탁한 시대를 형성하는 가장 대표적인 현상이라 할 것입니다. 양극화는 비단 경제적인 재부에만 그치는 것이 아닙니다. 세상을 지배하는 생각[見濁], 감정과 몸에 대한 상업적인 해석과 인식[煩惱濁], 생태환경을 파멸로 몰아가는 성장 이데올로기[衆生濁] 등이 다양한 가치관과 삶의 방식을 여지없이 무너뜨리며 시대를 압도하는 거대한 공룡으로 자리잡아 가고 있습니다. 우리는 영문도 모른 채 시대의 험한 파도에 떠밀려 오탁악세의 중심부를 향해 가파르게 질주하고 있는지도 모릅니다.

오탁악세라는 깃발을 움켜 든 기수는 누구인가요? 그것은 더 말할 것도 없이 우리 자신의 욕망입니다. 이것은 누구나 다 알고 있는 사실로 이제는 불교만의 주장이랄 수 없는 세상이 되었습니다. 이 시대의 욕망은 소비의 다른 이름이기도 합니다. 우리는 가게에서 휴지를 사서 소비하듯 시간, 생각, 감정, 몸, 목숨, 사랑, 우정 등을 소비합니다. 삶 자체가 한갓 소모품으로 전락하고 만 것입니다. 옛사람들은 생, 노, 병, 사에서 깊은 의미를 찾아내어 그것을 삶의 바른 항로를 지향하는 소중한 지남指南으로 여길 줄 아는 지혜를 중시했습니다. 그러나 이제 우리는 산업화된 의료기술에 의해 노, 병,

사를 한순간도 함께해서는 안 될 무서운 병균처럼 여기게 되었습니다. 그래서 어쩌다 병을 얻어 육칠십에 생을 마감하는 순간을 맞기라도 하면 목숨을 더 소비하지 못하게 된 것을 한탄하고 두려워하기까지 합니다. 소비는 끊임없이 결핍을 만들어 냅니다. 결국 우리는 자신을 자신의 위안과 존재 이유가 되게 하는 데 실패하고 밖으로만 떠돌면서 가없는 고통 바다를 윤회하게 되는 것입니다.

부처님께서는 욕망과 소비를 삶의 암묵적인 동력으로 삼고 자신의 존재 이유를 찾아 밖으로 헤매는 중생의 세상에 오시어 "자신을 등불로(atta diipa)"라고 외치십니다. 이것은 오탁의 삶을 근원적으로 전환시키는 깨침의 소리[佛音]로 여기에 근거하지 않는 모든 삶의 기획과 비전은 끝내 불만족이라는 고통만을 가중시키게 될 것입니다.

우리는 그리스 비극 가운데 하나인 오이디푸스에 대해 알고 있습니다. 오이디푸스는 부왕을 죽이고 어머니를 왕비로 맞아야 했던 기구한 운명의 주인공입니다. 자신이 저지른 패륜적悖倫的 행위를 뒤늦게 알게 된 오이디푸스는 스스로 자신의 두 눈을 뽑아 던지면서 이렇게 외칩니다. "너는 보아야 할 것을 보지 못했고 보지 말아야 할 것을 보았다. 이제 너는 영원히 어둠만을 보게 될 것이다." 그런 뒤 그는 맨발에 넝마 차림으로 세상을 떠돌다 죽습니다. 이 이야기는 그리스의 여느 비극처럼 비참한 자신의 운명을 매우 진지하고 겸허하게 맞이하는 한 고결한 인간의 정신을 극적으로 보여 주고 있습니다. 오이디푸스는 스스로 자신의 눈을 뽑음으로 해서 진정한 빛을 얻어 내는 삶을 선택했습니다.

초파일 밤에 등불을 밝히고 밝고 따스한 그 빛을 숨죽여 지켜보는 관등觀燈 의식은 오탁五濁의 눈을 여의고 오정五淨의 눈을 얻는 재생의 순간이 되어야 합니다. 부처님께서는 "그리하여 삶에 밝음이 생기고 그리하여 삶에 봄眼이 생긴다."는 말씀을 자주 하십니다. 청정함은 더러움을 꿰뚫어 보는 힘입니다. 밝음은 어둠을 아는 힘입니다. 청정과 밝음이 육화된 상징물인 등불은 온몸이 눈입니다. 등불은 그런 눈으로 안팎을 환히 비춥니다. 이런 등불이 되어 자신의 삶 속에 깃든 오탁의 덧없음을 비추어 볼 때 청정한 눈이 생기고 투명한 봄이 생겨납니다.

이런 의미에서 보면 부처님오신날은 사월초파일이 아닙니다. 자기 안의 오탁을 발견하고 화들짝 놀라는 그 순간, 그리고 오탁의 실체 없음을 비상히 기뻐하는 그 순간이 진정한 의미의 부처님오신날이랄 수 있겠습니다. 세상도 개인도 오탁의 열매가 무르익어 가고 있는 듯싶습니다. 바야흐로 부처님께서 오셔야 할 때가 되었고 부처님을 필요로 하는 시절이 도래한 것처럼 보입니다. 분명한 것은 그런 부처님은 사월초파일 또는 몇 월 며칠이 아니라 오탁을 꿰뚫어 보는 밝음과 봄을 얻는 순간에 오신다는 사실입니다.

　나 자신은 물론이겠고, 세상의 이목을 찌푸리게 한 몇몇 출가승과 본연의 직무를 유기하는 행태가 상습화되어 가는 이즈음, 일부 언론에 부디 눈을 뽑은 오이디푸스의 비장한 각오가 돈발頓發하기를, 그리하여 오탁의 자기 업화業火를 뚫어 보는 바른 정진에 의해 청정한 밝음이 생기고 투명한 봄이 생겨나기를 축원합니다.

그렇게 오시는 님

일천 강에 밝은 달이 뜨니

우러르는 마음 끝에 이미 오시는 부처님

어느 가람이 그 달을 처음 맞는 강이요

어느 마음이 그 님을 처음 비추시는 마음인가

등불 같은 봄날의 강이요

향불 같은 사월의 아침이니

무엇을 숨기고

무엇을 감출 수 있으랴

꽃마다 문수의 웃음이요

풀잎마다 관음의 눈물이네

우암산 산그늘에 기대어 연산탑 우러르면

무심천 아기 바람 몰고 그렇게 오시는 님

경계마다 꽃을 피우며

옴이 없이 오시는가

나무석가모니불

옴 무니무니 마하무니 샤캬무니 스와하

우란분재를
맞으며

    불교 5대 명일 가운데 하나인 '우란분재盂蘭盆齋'가 눈앞에 다가왔습니다. 다 아시다시피 우란분재일은 음력 7월 보름날로 백중百衆, 중원中元, 머슴날, 망혼일亡魂日 등의 이름으로 불립니다. 이날은 불교의 명일일 뿐만 아니라 노동의 중요성과 조상의 음덕을 기려 온 민족의 명절이기도 하지요. 하지만 농업이 경시되고 농업인구가 소수화되고 주변화된 오늘날에는 불교의 주요 명일로만 남아 있을 뿐 살아 있는 민속절의 의미는 크게 퇴조한 듯이 보입니다. 농업을 바탕으로 생성되어 오랜 세월 동안 토착적 삶의 형식과 내용으로 소중히 계승되어 오던 농촌문화의 소멸은 비단 우리만의 일이 아니라 지금 세계 곳곳에서 일어나고 있는 보편화된 현상이기도 하지요.

우리 불자들은 "칠석날 기도를 올리면 일곱 대의 후손이 흥성하고, 백중날 재를 올리면 일곱 대의 조상이 정토에 태어난다."는 말을 당연시하고 또 그렇게 믿는 분들이 많습니다. 이런 믿음의 근거는 어디에 있는 것일까요? 칠석기도 운운은 명확하지가 않지만 백중기도를 운운하는 근거는 『우란분경』에 있습니다. 『우란분경』은 악도에 빠진 조상과 중생들을 천도할 수 있게 된 내력과 방법을 신통제일인 목련 존자를 통해서 밝혀 주고 있는데, 이 경에 "일곱 대의 조상이 고통에서 벗어나 천상이나 인간 세상에 태어난다."는 구절이 나옵니다. 『우란분경』은 뒷날 이 경의 영향으로 중국에서 성립되었다고 보는 『목련경』과 함께 '백중'을 조상 천도일로 자리매김시키는 데 결정적인 역할을 한 경전이지요.

'우란분'은 인도어 '우람바나Ulambana'의 음역으로 '거꾸로 매달리다'라는 뜻을 지니고 있습니다. 거꾸로 매달리기는 물구나무서기로 알려진 요가의 특정 아사나가 아닙니다. 그것은 삶의 매 순간들이 거꾸로 뒤바뀌어 지속되는 극심한 고통의 상태를 이르는 상징어라 할 수 있지요. 우리가 경험하는 크고 작은 고통들은 그 성질과 형태로 보면 한없이 많아 보이지만 고통이 발생하는 당처로 보면 몸의 고통과 마음의 고통으로 크게 분류하여 나눌 수 있겠습니다. '우람 바나'라는 단어는 고통의 상태와 원인을 함께 아우르고 있습니다.

옛날에는 거꾸로 매달아 죽이는 형이 있었다고 하는데 이것은 고통을 극대화한 뒤 사람의 목숨을 앗는 매우 잔악한 형벌이랄 수 있겠습니다. 그런데 불교에서는 이런 잔인한 형벌이 국가나 특정 권력에 의해서가 아니라 스스로가 스스로에게 저질러지는 경우가 허다함을 지적하고 있습니다. 그러니까 뒤집힌 행동과 뒤집힌 말과 뒤집힌 마음이 몸과 마음의 다양한 고통을 불러온다는 것입니다. 고통의 강도 또한 뒤집힌 삼업의 경사도와 시간에 비례하는 것으로 완전히 뒤바뀐 가장 잘못된 삼업에 대응하는 고통을 불교에서는 지옥고 또는 아귀고라 부르지요.

『우란분경』은 목련 존자가 깊은 선정의 힘으로 지옥고를 받고 있는 어머니를 보고 부처님께 찾아가 어머니가 지옥고에서 해탈할 수 있는 길에 대한 법문을 청해 듣는 내용으로 이루어져 있습니다. 부처님께서는 "거꾸로 살았던 죄업이 크고 깊어 지옥고를 받고 있으니 누구 혼자의 힘으로는 해탈시키기가 어렵다. 음력 칠월 보름날은 자기 들여다보기를 통해 거꾸로 된 삼업을 맑힌 수행자들이 여름 안거를 회향하는 날이다. 더구나 이날은 수행자들이 대중 앞에서 자신이 여름 공부를 하는 동안 대중들을 힘들게 하거나 불편하게 한 일이 없는지를 묻고 참회하는 날이다. 이날 정성껏 음식을 마련해 성스러운 수행승들에게 공양하라. 그러면 어머니가 지옥고를 벗어나게 될 것이다."라고 말씀하셨습니다.

불교의 천도의식 가운데 '식당작법食堂作法'이라는 대목이 있는데 이것은 『우란분경』의 가르침을 적극적으로 반영한 천도재의 백미로 의식의 가장 중요한 부분을 이루고 있지요. 요즘 이 '식당작법'은 잊혀졌거나 경시되어 어쩌다 영산재靈山齋 의식에서나 볼 수 있는 희귀한 장면이 되어 버렸습니다. 불법이 성했던 고려시대에는 오백승, 천승, 만승을 청해 공양을 올리는 재회齋會가 많이 열렸는데, 지금은 선원에서 공부하는 스님들께 대중공양을 올리는 것으로 겨우 그 명맥을 유지하고 있는 정도입니다. 아무튼 분명한 것은 『우란분경』에서 말씀하신 지옥고를 벗는 길이란 '많은 수행승들께 공양을 올리는 일'이라는 것입니다.

모든 경전 언어는 당시의 역사와 사회 배경을 상세하고 정확하게 알기 전에는 그 뜻을 바르게 이해하기가 쉽지 않습니다. 또 설사 바르게 이해했더라도 자신의 시대를 함께 살아가고 있는 구체적인 삶들에 어떻게 적용할 것인가를 심도 있게 고민해야 합니다. 이것이 잘 이뤄지지 않으면 경전 언어는 자칫 생명력을 잃게 되어 '지금은 틀렸고[非今] 옛것이 옳다[是古]'는 자가당착에 빠져들기가 쉽습니다.

『우란분경』과 『목련경』은 특히 효孝가 사회의 중추적 가치로 자리 잡았던 중국 문화권에서 큰 위세를 떨친 경전들입니다. 유교 경전에 정통하고 일본에서 법학을 공부한 바 있는 근대 중국의 대표적 지식인이자 사상가인 오우(吳虞, 1871~1949)는 중국 문화의 핵심 가치인 효에 대해 "황제를 정점으로 한 국가 관료체제가 힘없는 백성들을 복종하고 순종하도록 하기 위해 만든 통치수단"이라고 날카롭게 비판한 바 있고, 루쉰은 그의 구어체 소설인 『광인일기』를 통해 예교禮敎가 사람을 잡아먹는 괴물이라고 성토하기도 했지요. 물론 이런 비판과 성토는 효가 전제적이고 극단적인 가치로 군림할 때 발생하는 인간성 파괴를 문제 삼는 것이지 그것이 함장하고 있는 따뜻하고 아름다운 인성을 부정하자는 것은 아닙니다.

불교는 효라는 종적인 가치보다는 우정이라는 횡적인 가치를 더 중시합니다. 따라서 부모나 조상을 천도하는 불자다운 마음가짐은 종적이고 혈연적인 효심이 아니라 횡적이고 인간적인 우정에 더 중점을 두어야 할 것입니다. 이렇게 될 때 비혈연적 인연에도 효심을 일으킬 수 있고 혈연적 인연에도 큰 우정을 발할 수 있겠지요. 나는 여러 불자님들과 함께 이런 점을 염두에 두고 『우란분경』에서 말씀하는 '수행', '공양', '허물 돌아보기' 같은 단어가 담고 있는 본래 의미를 깊이 사유하면서 우란분재를 맞이하고 싶습니다.

수행이란 서로가 서로를 살리고 있는 법계의 질서에 눈을 뜨는 일이고, 공양이란 그렇게 실감하는 두두물물에 따뜻한 우정의 손길을 내미는 일이기 때문입니다. 또 허물 돌아보기란 수행과 공양을 통해 삶을 완성하는 일에 시시각각 실패하는 원인을 끊임없이 되돌아보는 노력이기 때문입니다. 경전은 이런 노력과 결실이 메시아와 같은 한 사람의 영웅적 수행자에 의해서가 아니라 사회적 각성과 연대를 통해 이뤄지는 것임을 강조하고 있지요. 『우란분경』은 이렇게 수행하고 이렇게 공양하고 이렇게 자신의 허물을 돌아볼 때 누구든 안팎의 지옥고를 벗어날 수 있다고 말씀하십니다.

우리는 『우란분경』을 통해 불교가 고통받는 삶들에게 얼마나 지대한 관심과 연민심을 가지고 있는지를 알 수 있습니다. 불교의 연민심은 끝내 지옥의 영원성을 인정하지 않는 큰 원력에서 피어나는 기적의 꽃입니다. 불교 경전에는 이렇게 거꾸로 매달려 고통받는 존재들을 '우는 님들'이라고 표현하고 있습니다. 올해가 갑오년으로 동학봉기가 일어난 지 두 갑이 되는 해입니다. 동학봉기에 뛰어든 분들이야말로 '우는 님들'이라 할 수 있겠지요. 누군가가 아파 울고 있는데도 마음이 편할 수 있다면 그는 보살이랄 수 없겠고 만약 이런 보살의 마음이 없다면 불자라 부를 수도 없을 것입니다. '식당작법食堂作法' 가운데 '막제게莫啼偈', 곧 '울지 마라의 노래'가 있습니다. 열 살이 채 되기 전의 어린 나이로 출가하여 하루 한 끼의 밥만으로는 배가 고파 우는 라홀라를 달래는 게송이지요. 이 게송도 피곤해함이 없이 실천하는 공양행의 정신과 공덕을 상기시키며 라홀라의 울음을 달래고 있습니다.

지금 우리 주변에는 넘쳐나는 물질의 풍요에도 불구하고 몸과 마음의 편안함에 굶주려 우는 이웃들이 너무나도 많습니다. 비단 사람들뿐만이 아닙니다. 생태학자들은 6천만 년 전 지구 위에서 벌어졌던 생물종 절멸현상이 지금 이 시대에 다시 급격한 속도로 진행되고 있다고 경고합니다. 인간만이 아니라 인간의 생존 토대인 지구도 울고 있는 실정인 것입니다. 올 우란분재에는 조상님들뿐만 아니라 이렇게 우는 님들을 위해 수행과 공양에 믿음 깊은 여러 불자님들과 함께 지극한 마음으로 '울지 마라의 노래'를 뜨겁게 그리고 소리 높여 불러 보리라 다짐해 봅니다. 또한 세월호와 함께 떠난 또 다른 라훌라님들에게 그런 노래를 바치고 싶습니다. 어떤 사람들은 이렇게 말합니다. "그런다고 삶들의 핏빛 울음이 그쳐질 수 있겠는가?" 나는 이런 분들에게 노신의 한마디를 들려주고 싶습니다. "가짜 지식인은 물러가라! 미신은 남아도 좋다!"

보지 않는 눈으로 보면 이 세상 참 아름다운데

그대는 홀로 어디로 떠나 돌아오지 못하나

봄이 오니 산 밭에 잡풀만 무성하게 자라니

꽃 벌 인연인가 한 번의 만남이요 한 번의 이별일세.

안타깝구나 화려하던 꽃 바람에 나뒹굴고

우습다 뜬구름 같은 인생 무엇을 집착하랴

탐진치 삼독은 주야로 흐르는 물과 같으니

사바세계 부처님은 자비로운 깊은 마음일세.

산 깊은 밤 소나무 가지 부엉이 눈 크게 뜨고

삼경 종 울리니 초생달은 살며시 얼굴 감추네

알지 못해 꿈속 님을 걸음 걸음마다 그리워하고

아미타불 아미타불 서방에 가면 무엇이 즐거운가요

향기로운 이슬에 우담바라 꽃송이 활짝 피었네.

승가
민주주의

　겨울날 밤하늘에 반짝이는 별을 사랑하는 분들이 적지 않을 것입니다. 겨울 별이 다른 계절의 별에 비해 더 밝고 초롱초롱한 까닭이 무엇일까? 조금 엉뚱한 발상일지는 몰라도 이런 대답도 크게 틀리지는 않을 것 같습니다. "겨울 별이 초롱초롱한 것은 그만큼 겨울밤이 어둡기 때문이다." 우리는 '빛 속의 빛은 이미 빛이 아니다.'라는 사실을 경험을 통해 잘 알고 있지요. 태양빛 속의 촛불은 빛은 빛이되 빛으로서의 역할과 기능을 크게 기대할 수 없습니다. 먹물을 풀어놓은 듯 바람과 나뭇가지의 경계가 사라진 어두운 겨울밤에는 비단 별빛만이 아니라 질화로 속 작은 불씨까지도 더없이 귀하고 거룩해 보이기까지 하지요.

별은 하늘에만 있는 물건은 아니지요. 뭇 사람들이 우러르는 이른바 '스타'들을 연상해 보면 그들이 어떤 존재인가를 어렵지 않게 짐작할 수 있을 것입니다. 찰나적 인기를 생명으로 하는 스타들이 대중의 삶에 큰 영향을 미치고 있는 현실은 은막의 연예계뿐만 아니라 경제, 문화, 정치, 사회, 종교를 망라한 총체적인 시대 정황으로 보입니다. 이른바 천박한 쇼, 무의미한 이벤트, 어두운 욕망이 판을 치는 삶의 무대화가 세계 도처에서 가파르게 진행되고 있는 것이지요. 어쩌다 이 지경에 이르게 되었을까요. 그 원인은 한둘이 아닐 것입니다. '작은 백성'에게 지상의 스타들이 겨울밤 별처럼 반짝일 수 있는 것은 세상이 겨울밤처럼 어둡기 때문이라 여겨지기도 합니다.

세계 최고 수준의 자살률, 국민의 80퍼센트가 불행감을 느끼고 있는 현실은 우리 사회가 밝고 살기 좋은 세상이라는 것과는 멀어 보이게 합니다. 국제기관들이 발표한 나라별 행복지수 가운데는 뜻밖에도 히말라야 오지에 자리한 작은 나라 '부탄' 사람들의 행복지수가 가장 높은 것으로 발표된 사례가 있습니다. 부탄은 전 국민의 97퍼센트가 자신이 행복하다고 답변하는, 동화 속에나 나올 법한 그런 나라입니다. 부탄은 이미 40년 전부터 목표를 국민총소득이 아닌 국민총행복지수에 맞춰 국정을 운영해 왔다고 하지요. 이렇다 할 경제력도 군사력도 없는 부탄 사람들이 누리는 높은 행복지수의 비밀은 잘 알려진 바가 없습니다. 또한 대학까지 무상 교육, 정부의 유학비 전액 지원, 병원비 무료, 국가 공무원인 의사, 나라 전체에 거지 세 명, 교도소에 죄수 여섯 명, 변호사 열여섯 명이라는 단순 정보와 수치만으로 그것의 비밀을 가늠할 수는 없어 보입니다.

분명한 것은 민주주의의 본질은 대의제 민주주의니 의회제 정당 정치니 하는 정치체제나 시스템에 있지 않고 시민 개개인이 스스로의 삶을 결정하고 책임질 수 있는 권리 확보와 그것을 강인하게 견지할 수 있는 사회적 합의가 얼마만큼 충실히 이뤄져 있느냐에 있다는 점일 것입니다. 세계 도처에서 금권과 권력을 이용한 선거를 통해 통치권을 손에 쥔 개인이나 정당이 선심성 정책을 운위하면서 개개인의 삶을 파멸시키고 각 계층의 권력 아성을 확충해 가는 사이비 민주주의가 판을 치고 있는 실태는 누구나가 실감하고 있는 현실입니다. 비록 우리 현실에 맞는 적합한 대안이나 답은 될 수 없지만, 경제적 저성장 시대 내지는 제로 성장 시대를 코앞에 둔 우리에게 부탄의 행복지수 비밀을 깊이 헤아려 볼 필요가 있겠다는 생각을 해 봅니다.

생각해 보면 민주주의는 그렇게 거창하고 복잡한 철학이나 시스템이 아니고 백성 스스로가 스스로의 삶을 꾸려 갈 수 있게 돕는 기술이자 노력이 아닌가 합니다. 사실이 이렇다면 민주주의의 뿌리를 구태여 아테네까지 들먹일 필요 없이 부처님께서 실마리를 여신 아름다운 인류공동체인 승가僧伽정신 속에서도 얼마든지 찾아볼 수 있을 것입니다. 귀족들만의 합의체였던 아테네 민주주의와 달리 승가 민주주의는 남녀노소, 빈부귀천이 함께하듯 혼자 살고 혼자이듯 함께 사는 성숙된 삶과 세상의 실현을 도모한 열린 공동체였습니다. 깊이 따지고 보면 이와 같은 민주주의의 철학과 신념은 인간의 본래 심성이자 정서에 바탕하고 있다고 볼 수 있겠지요.

밤은 날로 길어 가고 별은 더욱 빛나는 시절입니다. 밤이 길고 별이 빛날수록 봄을 잉태하는 차가운 동지 바람의 소리골도 깊어만 갈 것입니다. 선인들은 이날로부터 여든한 장의 매화를 치며 창밖에 터질 매화꽃 맞이 준비를 했다고 하지요.

"부처님은 어떤 분입니까?"라는 질문에 옛 스승께서는 이렇게 답하십니다. "부처님이 누구냐고 묻는 그대는 누구인가?" 불교는 부처님이 누구인지를 아는 데 그치는 종교가 아닙니다. 불교는 내가 누구인지, 나를 부르는 네가 누구인지를 명확하게 알아 서로 환대하고 공양하는, 나와 너의 사이를 끝없이 열어 가는 승가 민주주의를 이룩하는 길입니다.

가고 오는 곳마다 그대를 만나도 보냈네

인연이란 참으로 귀하고 작지 않음이라

내가 아는 사람들 헤아릴 수 없이 많지만

그대는 한 번 만나기가 참으로 어렵다네.

산과 들엔 이름 모를 꽃들 흐드러지게 피어 있고

훈훈한 바람결의 시절 해마다 풍년이라

그대는 늘 삶이 바쁘다고 핑계 대지만

사람들은 나에게 그대 안부를 물어 오네.

새벽하늘 별 무리들 초롱초롱 빛나고

방에 고요히 앉아 세상일 다 잊고 나니

모든 인연들 뚜렷하여 그대는 바로 나네

그대는 누구인가

은은한 종소리에 꽃과 풀이 향기롭다.

발원發願

나모 땃사 바가와또 아라하또 삼마 삼붓따사

나모 땃사 바가와또 아라하또 삼마 삼붓따사

나모 땃사 바가와또 아라하또 삼마 삼붓따사

존귀하신 분

공양 받아 마땅한 분

바른 깨달음을 성취하신 분께 귀의합니다.

오늘은 좋은 날

오늘은 참 좋은 날

복되고 안락한 정토에서

소리 없는 소리로 오신 님이

소리 없는 소리로 오신 님이

고단한 삶 깨우는 보살 되게 하소서

따사로운 자비의 빛

따사로운 자비의 빛

모든 이웃 향이 되어 주고

부드러운 미소로 환한 얼굴로

부드러운 미소로 환한 얼굴로

서로를 치유하는 불자 되게 하소서

그림자처럼 오신 님

그림자처럼 오신 님

포근히 감싸 준 따뜻한 햇살

가족과 이웃들이 행복하고

가족과 이웃들이 행복하고

세상을 장엄하는 등불 되게 하소서

등불 되게 하소서

바와뚜 삽바 망갈람

바와뚜 삽바 망갈람

바와뚜 삽바 망갈람

모든 존재들이여 다 행복하길······

나무석가모니불

나무석가모니불

나무시아본사석가모니불

기도祈禱

소쩍새 울음 잦아지니 피는 꽃 더욱 붉고

빈산에 봄 햇살 무르익으니 풀잎이 싱그럽네

별빛이 산 목련 잠 깨우니 눈꽃 활짝 틔우고

하늘 빛 구름 돌탑에 이르러 새 기운 얻네

수척한 하늘 산은 안개 속에 있고 없으니

오동잎 쌓인 빈뜰 금빛 달빛으로 깊어 가네

벼랑마다 가지가지 꽃 관음의 웃음이요

하늘 끝 붉은 구름이여 보현의 춤이로다

소리소리 걸음걸음 염주 쥐고 큰절하고

관세음 관세음 염불하니 묵은 소원 성취하네

도량에 풀 뽑고 땀 흘리니 황금 땅으로 빛나고

밤낮 하늘에서 미묘한 소리로 왕생 축원하네

부처님 오셨네

부처님 오셨네 부처님 오셨네

쌓인 눈 녹이는 봄볕이런가

굳은 몸 얼은 마음 비춰 주시사

재앙도 병고도 녹여 주시네

옴 무니무니 샤캬무니 스와하

옴 무니무니 샤캬무니 스와하

부처님 오셨네 부처님 오셨네

무더위 식혀 주는 소낙비런가

들끓는 온갖 번뇌 식히고 씻어

연꽃 같은 맑은 삶 이뤄 주시네

옴 무니무니 샤캬무니 스와하

옴 무니무니 샤캬무니 스와하

부처님 오셨네 부처님 오셨네

들녘을 흔드는 빛 바람이런가

마음 밭에 영그는 공덕의 열매로

이 세상도 저 세상도 살찌우시네

옴 무니무니 샤캬무니 스와하

옴 무니무니 샤캬무니 스와하

부처님 오셨네 부처님 오셨네

산과 들 곱게 덮는 흰 눈이런가

사립문도 생각의 문도 다 닫아 놓고

부처님 발자국만 그리게 하네

부처님 오셨네 부처님 오셨네

긴 밤을 밝히는 등불이시런가

아침을 장엄하는 향기런가

행복의 창을 열고 열고 웃게 하시네

옴 무니무니(이) 샤캬무니 스와하

옴 무니무니(이) 샤캬무니 스와하

백중百中

제비 한 쌍 먹이 물고 새끼 돌볼제

숲속의 새로움에 놀라워라 놀라워라

동녘 산마루에 솟은 붉은 미소

서산에 곱게 물들이는 좋은 날 맑은 소리

스님네 염불에 기뻐하는 영가들이여

둥근달 고향 가는 길 밝게 비추니

반야용선 타고 극락왕생하소서

눈 뜨면 사라지고 눈 감으면 뵙는 님

밤 깊어 첩첩한데 종소리로 오시었네

둥근달 크게 뜨는 깊은 여름밤에

서늘한 바람 밟고 와 매미 소리 서럽네

찌는 더위에 창문 열고 고요히 앉아

님 생각에 눈물 짓네 먼저 가신 님이여

반야용선 타고 극락왕생하소서

당상나무 그늘 속에 앞섶을 풀던 그 어른

그 아버지 그림자와 눈물 짓는 저 효녀여

달 아래 다듬이질 삶을 풀던 그 어른

그 어머니 뵈올 수 없어 잠 못 이루는 저 효자여

착한 목련존자 어머니 찾는 심정으로

우란분절 공양 올리고 마음의 향불이 되어

밤낮으로 염불하오니

온 집안이 극락이라네

밤낮으로 염불하오니

온 집안이 극락이라네

그 어머니 그 아버지의 기쁨 어이 아니 크실까

(다냐타 옴 아리다라 스바하)

(다냐타 옴 아리다라 스바하)

(다냐타 옴 아리다라 스바하)

봄바람

봄바람에 산과 들에

야생화 아름답게 물들어

산봉우리에 걸린 저녁달은

시리도록 맑습니다

방 안에 난초 그윽이 피니

마음이 꽃으로 가득하고

꽃 피고 새 우니 공덕의 샘 솟아

모두들 큰 복 받습니다

봄바람에 가지 끝 맺힌 이슬

향기 되어 떨어지고

머물 곳 없는 곳에 마음이 머무니

봄 향취 그윽하네

흰 구름이 석양빛 나무 걸려

신비한 오로라 꽃 되어

달 밝은 밤 홀로 앉아 향 사루니

향기 닿는 곳마다 불보살

봄바람에 구름 걷혀

신령한 마음 드러나니 깊고 깊어

가슴에 넓은 하늘 들어와

푸른 산 흰 구름 친구 되었네

헤어짐 만남이 아지랑이거늘

근심 걱정 어디에 있겠는가

고요히 흐르는 물 우뚝 솟은 산에

별빛이 무성하였네

鳴沙
餘韻

하심下心의
새 역사

 내가 처음 출가해서 행자 수업을 할 때 선배 스님들에게 가장 많이 들은 말이 '하심'이라는 말이었습니다. 하심의 사전적 의미는 '나를 낮추기'이지요. 하기는 어떤 단체조직이나 그 조직의 일원이 되려면 이런 절차를 거치지 않으면 안 되는 것이 우리 사회의 현실이기도 합니다. 하지만 불교 수행 전통으로 면면히 이어져 내려오는 하심 정신에는 군대 같은 특수집단은 물론이고 세상의 여느 조직에서 관행적으로 요구하는 그것과는 다른 무엇이 있습니다.

 하심은 세상을 맞는 마음가짐이자 나아가 스스로를 대하는 일상의 태도이기도 하지요. 세상이 하심의 대상이 될 때 자폐적 독선에서 벗어날 수 있고 자신이 하심의 대상이 될 때 불필요한 열등감이

200

나 우월감에서 편안해질 수 있습니다. 이런 측면에서 생각해 보면 하심은 지엄한 권위를 향한 무조건적 순종이거나 강요된 복종이 아니라는 것이 분명해 보입니다. '하심'이라는 말은 본디 불교에서 생겨 나온 말이지요. 불교적 의미로 보면 이 말은 선배를 대하는 초심자의 태도라기보다는 노선배가 초심자에게 공양하는 푸근한 삶의 품격에 가깝다고 할 것입니다.

서구 사회에 처음으로 '젠Zen'이라는 이름으로 '선禪'을 소개한 샤쿠 쇼엔, 석종연釋宗演이라는 일본 스님이 있습니다. 아주 어릴 때 출가해 선 수행을 한 분으로 세계적인 선학자 스스키 다이세쓰鈴木大拙의 스승이기도 하지요. 우리나라에는 학명(鶴鳴, 1867~1929) 스님과의 선문답으로 많이 알려진 분입니다. 젊은 시절에는 후쿠자와 유키치가 세운 경응의숙慶應義塾에서 수학하는 등 세상 학문에도 관심이 많았고 스리랑카에 유학해 팔리경전을 공부하기도 했습니다. 평소 가깝게 지내던 일본의 국민작가 나쓰메 소세키夏目漱石가 죽자 그의 장례위원장을 맡는 등 불교 활동뿐만 아니라 사회 활동도 활발하게 펼쳤던 분이었지요.

샤쿠 쇼엔 스님은 근현대 일본의 선불교계에 큰 족적을 남긴 선의 거장으로 높이 평가받고 있습니다. 흥미로운 것은 쇼엔 스님이 자신의 결정적인 성장 동기로 스승인 에츠케이 슈켄 스님에게 받은 감화에 대해 언급한 일입니다. 이 일화 속에는 하심의 참뜻이 매우 극적이고 알기 쉽고 감동스럽게 담겨 있지요. 이야기의 줄거리는 이렇습니다. '스승이 잠깐 외출한 어느 날이었습니다. 잠이 부족했던 쇼엔은 법당에 엎드려 잠이 들고 맙니다. 문득 잠을 깨어 보니 출타했던 스승이 돌아와 합장하고 서서 어린 제자에게 절을 하고 있었습니다.'

하심은 권위에 복종하거나 힘에 굴복하는 허약한 심리행위가 아닙니다. 또 불필요한 열등감이거나 스스로를 돋보이고자 하는 의도적 행위도 아닙니다. 하심의 '하'는 '낮추다'는 의미보다는 '놓아 버리다' 또는 '비우다'는 뜻에 가깝습니다. 에츠케이 슈켄 스님이 어린 제자 쇼겐에게 보인 하심 공양이야말로 어쩌면 우리 시대가 회복해야 할 급진적 겸허이자 자애심이 아닌가 합니다.

세계는 지금 환경적, 경제적, 사회적 난제들에 묻혀 그 끝을 알 수 없는 수렁 속으로 깊이 빠져들고 있으며 마침내는 코로나로 인한 팬데믹 상황이 전 지구촌을 휩쓸게 되었습니다. 생각해 보면 이 세기말적 사태들은 갑작스레 돌발적으로 일어난 것은 아닙니다. 1962년, 레이첼 카슨은『침묵의 봄』을 통해 머지않아 미증유의 환경재앙이 도래할 것임을 정확하게 예고했지요. 또 1972년에는 로마클럽이「성장의 한계」보고서를 통해 약탈적 성장의 추세가 지속된다면 지구는 앞으로 백 년 안에 돌이킬 수 없는 성장의 한계를 맞게 될 것이라고 경고했습니다.

하지만 주류 세력들의 반응은 매우 냉소적이었고 한 수 더 나아가 이런 예고나 경고에 대해 날선 비판을 쏟아부었습니다.『침묵의 봄』이 출간되자 뉴욕 타임스는 머리기사를 통해 "『침묵의 봄』이 상당한 소란을 일으키고 있다."며 조롱 섞인 어조로 논평했습니다. 또「성장의 한계」에 대해서도 대다수의 지식인과 전문가들이 가파르게 반박하고 나섰습니다. 고 박정희 대통령을 높이 평가했던 당대의 대표적 미래학자였던 허먼 칸Herman Kahn의 다음과 같은 말은 그 본보기들 가운데 하나가 될 것입니다. "우리는 현재 그리고 가까운 미래의 기술만으로도 백 년 동안 전 세계 150억 명을 1인당 2만 달러 수준으로 살 수 있게 할 수 있다. 아주 보수적으로 잡아도 그렇다는 말이다."

더 말할 것도 없이 지금 벌어지고 있는 절망적 현실에 비춰 볼 때 저들의 투정에 가까운 발언들은 참으로 무책임하고 황당한 농담에 지나지 않아 보입니다. 지구 행성의 암울한 미래를 예견한 것은 비단 과학적 지식인들만이 아니었지요. 『멋진 신세계』의 저자 헉슬리를 비롯한 수많은 문학 예술인들도 그들의 직관적 상상력으로 조만간 맞을 말세의 도래를 경고해 온 것이 사실입니다. 우리나라 문인들 가운데도 그런 예가 없지 않습니다. 월북 작가 이태준은 1936년에 「여진잡기」라는 글을 씁니다. 작가는 기차를 타고 천안 언저리를 가던 중 사금을 채취하기 위해 멀쩡한 논을 파헤쳐 놓은 현장을 목격하고 가슴 아픈 독백을 합니다. '노래하는 샘물을 끊어 버리며 아름다운 산과 언덕을 벌 둥지처럼 파 들어가면서 어리석게도 금을 땅속에서 파는구나. 찾아야 할 금이 자신에게 있는 줄 모르고…. 아, 성스러운 소로우의 말씀이여!'

불교는 하심의 가치를 비단 사람과 사람 사이의 일에만 한정 짓지 않습니다. 사람뿐만 아니라 하심은 일상의 구체적인 일과 땅, 공기, 물 같은 생태환경 전반에까지 두루 미쳐야 할 삶의 기본적인 덕목이라고 보는 것입니다. 마음은 저 혼자 마음이 아니고 세계와 함께할 때 마음일 수 있기 때문이지요. 너무 단순하고 소박한 생각 같지만 현재 세계가 직면하고 있는 위기의 근원적 원인은 인간이 생명의 토대인 자연환경을 하심으로 대하는 능력을 상실한 데 있을 것입니다. 하심의 반대말은 '아상我相'이지요. 영원불변하는 실체적 존재로 추상된 자아 이미지를 아상이라고 하는데, 이 이미지에 갇히게 되면 타자의 시공을 배려하기가 참 어려워집니다. 그래서 천지인 삼재를 함부로 대하게 되어 본연의 공생적 삶의 능력을 잃고 말지요.

역사를 되돌아보면 산업혁명 이후 자연환경을 대하는 인간의 태도가 늘 그래 왔습니다. 부와 편의만을 위해 자연을 약탈 파괴하고 고문해 온 무례하고 무엄한 역사였지요. 중국 사람들은 무엄한 삶의 태도를 "규구가 없다沒有規矩."라고 표현합니다. '규구'란 자나 먹줄과 같이 지름이나 길이 등을 정확하게 측정하는 도구들을 말합니다. 공자는 칠십대 자신의 삶의 경지를 "마음 내키는 대로 살아도 도리矩를 어기지 않는다從心所欲不踰矩."고 표현했지요. 공자님이 말한 도리란 바로 '하심'의 다른 이름일 것입니다.

청나라 때에 관리이자 서화가인 정판교鄭板橋라는 분이 있었습니다. 이분이 한때 범현范縣이라는 작은 고을의 현령 벼슬살이를 하고 있을 때의 일입니다. 정판교의 고향인 강소성 홍화興化의 한 나물장수가 나물을 한 배 가득 싣고 범현으로 왔습니다. 고향 사람이 현령이라는 말을 듣고 달려온 것이겠지요. 그런데 현지 도매상이 나물에 흙이 많이 묻었다는 등 텃세를 하며 값을 제대로 주지 않으려고 했어요. 해서 현령을 찾아가 하소연을 합니다.

정판교의 입장이 매우 난처해졌습니다. 법대로 집행하면 사사로운 정에 얽매인다는 소리를 듣게 되고 그렇지 않으면 도매업자의 횡포를 방관하게 되기 때문이었지요. 정판교는 급히 나물을 실은 배가 있는 곳으로 달려갔습니다. 뱃전에는 현령의 판결을 궁금하게 여기는 사람들이 많이 모여 있었습니다. 현장에 당도한 현령은 아무 말 없이 배에 가득 실린 나물더미를 향해 큰절을 올렸습니다. 그러자 영문을 알 수 없었던 도매업자가 그 까닭을 물었습니다. 정판교는 대답했습니다. "고향의 흙을 보니 절하지 않을 수 없습니다." 이 말 한마디로 교역이 정상적으로 성사되었음은 물론입니다.

우리 시대의 문명을 특징지어 '불경不敬의 문명' 또는 '살생의 문명'

이라고 말들 합니다. 생명을 공경하지 않고 나 한 몸 살기 위해 땅과 이웃을 죽이는 문명이라는 소리겠지요. 이 말이 사실이라면 역사는 우리를 가장 거칠고 야만스러운 문명의 주체로 기억하게 될 것입니다. 지금이라도 우리는 공생의 문명, 살리는 문명으로의 전환을 위한 삽질을 시작할 수 없을까요? 그리하여 흙에 절하고 공기를 공경하고 물을 찬탄하는 건강한 삶의 감각을 되찾아 더불어 함께 사는 하심의 새 역사를 열어 갈 수는 없을까요?

한 잎 한 잎

차를 따다 보니

바람 소리 새소리 물소리

들을 수가 없다.

차를 따는 손끝은 찻물로 물들어 가고

마음은 벌써

차방에 앉아 있네.

차 마시는데

절차가 있겠는가

미더운 마음으로 차를 마시니

신선이 따로 없네.

관음의 귀

이븐 아라비는 이슬람 철학자입니다. 모든 사람들이 그와 이야기 나누고 그와 함께하는 것을 기뻐했습니다. 어느 날 왕이 이븐 아라비를 좋아한다는 한 기녀에게 물었습니다. "그대는 이븐 아라비와 짐 가운데 누구를 더 좋아하는가?" 기녀의 대답은 단호했습니다. "이븐 아라비입니다." 기녀는 또 그 까닭을 묻는 왕에게 이렇게 대답했습니다. "그는 내가 무슨 말을 하든 100퍼센트 듣습니다."

100퍼센트 듣는다고 함은 무슨 소리든 다 들어주는 귀 넓은 사람의 넉넉한 태도를 두고 하는 말은 아닙니다. 그것은 마치 홀로 한밤에 내리는 눈 소리를 듣듯, 세상의 모든 소리에 밝게 깨어 있음을 뜻합니다. 100퍼센트 듣는 귀는 비단 소리만을 듣는 귀가 아닙니다.

그런 귀는 소리와 감정의 둘레를 뛰어넘어 소리 없는 침묵까지를 아울러 듣습니다. 그런 귀는 그렇게 푸른 산을 듣고 그렇게 떠오르는 달을 그리고 그렇게 존재 자체를 듣습니다.

관세음보살이야말로 그런 귀를 성취한 지고의 님입니다. 님은 어떻게 이런 불가사의한 들음을 성취할 수 있었을까요? 미타낙루일지화彌陀落淚一支華, 관세음보살은 중생을 서글피 여기는 아미타불의 눈물에서 핀 한 떨기 꽃이기 때문입니다. 서글피 여기는 법계의 마음으로 소리를 듣고 그런 마음으로 침묵을 들을 때 뭇 삶의 고통을 여의게 하는 천의 손과 천의 눈도 따라 피게 되리라 생각합니다. 당신은 가족과 이웃과 자연을 몇 퍼센트 들을 수 있습니까?

안녕들 하십니까

라몬이라는 중년의 그리스계 미국인이 있습니다. 미국의 한 대학에서 미술사를 가르치다 지금은 환경운동을 하며 참선 수행을 하고 있는 사람입니다. 뉴욕에서 태어나서 대학을 졸업한 뒤 몇 해 동안을 고향에서 생활했다고 하니 뉴욕 사람이라고 부를 만할 것입니다. 언젠가 이 사람이 내게 뉴욕 사람이 어떤 사람인지를 말해 주겠다며 어릴 때 겪은 경험담 한 대목을 이야기해 주었습니다.

시 변두리에서 살던 그가 형을 따라 시내 구경을 하게 된 때의 일이랍니다. 정신없이 돌아다니다 배가 고팠던 그들은 한 분식점에 들러 감자튀김과 아이스크림을 사 들고 나오면서 계산대를 지키는 직원에게 예의 바르게 "좋은 하루 보내세요 (Have a good day)!"라고 인

211

사를 건넸습니다. 그러자 큰 키에 수염을 덥수룩하게 기른 중년 남자가 눈을 부라리며 "왜(Why)!" 하며 버럭 소리를 지르더랍니다. 급작스레 받은 충격과 당혹감이 너무 컸던 탓인지 어린 라몬은 마음이 어지러워 이후의 시내 구경은 제대로 할 수가 없었다고 합니다. 이 황당했던 경험은 뒷날 그에게 뉴욕 사람들에 대해 지워지지 않는 강렬한 인상으로 굳게 자리 잡게 되었다지요. 그런데 라몬이 정작 내게 들려주고 싶었던 이야기는 그런 한 자락의 옛이야기가 아니라 행복하지 못한 대부분의 뉴욕 사람들의 속, 곧 '안녕하지 못한 뉴욕 사람들의 불편한 진실'에 대한 조심스러운 귀띔 같은 것이었습니다. 듣고 보니 그가 평생 공들여 NGO비정부단체 활동을 벌여 온 배경을 어렴풋이나마 짐작할 수 있었습니다.

벌써 몇 년 전의 일입니다. 고려대학교에서 시작된 '안녕들 하십니까'라는 대자보 바람이 전국 대학가로 확산된 적이 있죠. 다 알고 있듯이 "안녕하십니까?"는 우리 한국 사람들이 일용하는 인사말입니다. '안녕安寧'이라는 낱말은 현재 중국이나 일본 사람들도 쓰고는 있지만 우리처럼 인사말로는 사용하지는 않는 듯싶습니다. 그들은 보통 "니하오", "곤니찌와" 하는 식으로 인사를 나누는데, 직역하자면 "좋습니까?", "오늘은 어때?"라는 뜻입니다. 안녕의 뜻은 '편안하다'인데 '안安'은 몸의 평안을, '녕寧'은 마음의 평안을 의미한다고 합니다. 그러니 우리가 무의식적으로 주고받는 "안녕하십니까?"라는 인사말이 담고 있는 구체적인 의미는 "몸도 마음도 편안하십니까?"가 됩니다.

우리의 아들딸들이 찬 눈바람 가운데 서서 "너는 몸과 마음이 편안하니?" 하고 서로에게 안부를 묻고 있는 모양새입니다. 흥미로운 것은 이런 물음이 물 위에 떨어진 외로운 돌멩이처럼 단발적으로 끝나는 것이 아니라 이곳저곳에서 동시다발적으로 일어나 크나큰 동계열풍冬季熱風을 만들고 있다는 현상입니다. 까닭이 무엇일까요? 그리고 이런 현상을 가능하게 만든 배경은 무엇일까요? 물론 이것은 나같이 산중의 바람 소리나 들을 줄 아는 세상 밖 사람이 답할 수 있는 단순한 문제는 아닐 것입니다. 하지만 분명한 것은 안부를 묻는 저 대학생들이 새삼스러운 예절운동을 벌이거나 시간이 넘쳐나 한가한 말놀음을 하고 있는 것은 아닐 것이라는 사실입니다.

그들이 쓴 대자보를 눈여겨보면 '금지를 금지한다'라거나 '계급투

쟁 만세' 같은 문화정치적인 이슈나 구호를 내세우는 것이 아니고, 조리가 정연한 이론이 있는 것도 아닙니다. 이런 면 때문에 어떤 지식인들은 '감성만 있는' 또는 '이미지 정치' 운운하며 대자보 바람 현상의 진정성을 외면하려 하는 것 같습니다. 저 학생들은 정직하지 못한 정치인이나 지식인들처럼 상투적인 이슈나 구호를 만들어 대중을 선동하고 속이는 일을 하고 있지 않습니다. 다만 참았던 울음을 터뜨리듯 자신의 아픔과 고뇌를 같은 처지의 동료들을 향해 하소연하고 있을 뿐입니다. "나는 몸도 마음도 편치 않아. 너는 어때?"라고 말입니다. 나 같은 세상의 문외한이 느끼기로는 이것은 정치, 문화적인 언어가 아니라 피와 숨이 묻어 있는 생존의 언어로 보입니다. 저들은 힐링이나 멘토 따위로는 치유되지 않는 상처투성이의 몸과 마음을 폼나는 이슈나 구호로 포장하지 않고 솔직하고 작은 목소리로 드러내어 호소하고 있습니다. 더구나 저들은 지난날 구호를 외치던 주체들과 달리, 누구나 참여할 수 있는 언어 공간을 열어 서로 다른 의견과 생각을 나누고, 원색적인 성토나 비난을 자제하는 성숙성까지 보여 줍니다. 나는 그와 같은 저들의 호소를 들으면서 모종의 책임감과 함께 마음이 아픔을 느낍니다.

인디언들은 "미타쿠에 오야신"이라며 서로 인사를 나눈다고 합니다. 이 인사말 뜻은 '우리는 한 몸'이라고 합니다. 존재의 실상을 '관계 속의 사건'으로 규명하신 부처님 말씀이 잘 반영된 인사말 같기도 합니다. 관음사에서는 해마다 방생법회를 갖고 있습니다. 방생법회란 특별한 무엇이 아니라 방생할 미물들의 안녕을 묻는 일입니다. 방생할 때마다 느끼는 것은 그들이 행복하게 살 곳을 찾기가 매우 어렵다는 것입니다. 그래서 동해 바닷가까지 갔는데 이제는 후쿠시마 원전 사고로 그마저 어렵게 되어 버렸습니다.

부처님 말씀에 따르면 '안녕하지 못한 몸과 마음'은 단지 몸과 마음 탓이 아니라, 몸과 마음이 그것과 관계하고 있는 자연 환경과 사회 환경에 긴밀히 연동되어 있기 때문입니다. 사회 환경, 특히 정치·경제적 구조와 시스템이 발생시키는 삶의 고통은 아주 오랜 옛날부터 상존해 왔습니다. 부처님께서는 인간의 몸과 마음을 안녕하지 못하게 하는 사회적 고통에 대해 근원적인 통찰을 하신 분이며 그것을 없애기 위해 이론적 성찰과 실천적 활동을 피곤함이 없이 하셨던 분입니다.

『수타니파타』에는 부처님께서 대농 지주인 바라드바자의 농장으로 탁발 가셨을 때 벌어진 일을 상세하게 싣고 있지요. 부처님께 자기처럼 밭 갈고 씨 뿌려 먹으라고 하던 바라드바자는 "나도 번뇌의 풀을 뽑아 감로의 열매를 얻는 농사꾼이다."라는 부처님 말씀을 듣고 "당신이야말로 진정한 밭을 가는 진정한 농사꾼"이라며 우유죽 공양을 올리지요. 그러자 부처님께서는 "나는 시를 읊은 대가로 얻은 것은 먹지 않는다."며 우유죽을 거절하십니다. 이 대목에 대한 지금까지의 해석을 보면 '부처님께 공양을 올리는 불자의 태도'에 초점을 맞추고 있는데 이것은 부처님께서 뜨거운 뙤약볕 길을 걸어 바라드바자를 찾아가신 진정한 뜻을 간과한 해석으로 보입니다. 부처님께서는 한때의 식사를 해결하기 위해 먼 길을 걸어 바라드바자에게 가신 것이 아닙니다. 마치 앙굴리마라를 돕기 위해 하셨던 것처럼 오백 명의 소작인을 노예처럼 부리는 바라드바자에게 노동의 대가로가 아닌 환대와 보살핌으로 사람을 대할 것을 깨우치러 가셨던 것이지요.

천 수백 년 전 백장 선사는 "하루 일하지 않으면 하루 먹지 않는다."는 말씀을 하시고 그대로 사셨습니다. 하지만 소수가 사회자본을 독점하게 된 오늘날에는 일하고 싶어도 일할 곳이 없는 세상이 되었습니다. 고용이 사라져 가는 자본주의 시대가 열리고 있는 것입니다. 그래서 급기야는 임금 노동자가 아닌 무임금 노동자가 대종을 이루는 시대를 눈앞에 두게 되었습니다. '안녕들 하십니까'라는 대학가에 부는 바람의 정체는 무엇일까요? 일하고 싶어도 일할 수 없어 몸과 마음이 아픈 우리의 아들딸들이, 일자리를 얻기 위해 피 터지게 애만 쓰던 우리의 아들딸들이 드디어 "내가 왜 이러지? 내가 왜 이래야 하지?"를 서로에게 묻고 있는 매우 당연하고 건강한 생명현상은 아닐까요? 이 같은 상황은, 정치나 경제보다 본질적인 생존 그 자체의 위협을 알려 주는 적신호라는 생각마저 듭니다. 아들딸들이 이 지경에 이르도록 우리는 무엇을 하고 있었을까요?『유마경』에서 유마 거사는 "중생이 아프니 나도 아프다[以一切衆生病是故我病]."라고 말합니다. 알 수 없는 것은 유마도 아닌 내가 그들의 목소리를 들으면 모종의 책임감과 함께 마음이 아파 온다는 사실입니다. 여러 불자님은 안녕들 하십니까?

보라

봄이 찾아왔네

온 대지에 따스함이 느껴지지 않는가.

생명들이

그간

얼었던 대지에

얼굴을 내밀고 있다.

봄이 오니

푸르른 새잎과 꽃이 만발하고

가지가지마다 아름다움을 수놓고 있다.

봄 내음이

내 코를 자극하네

하얀 구름들은

산허리에 걸쳐 있고

차순 따는 촌로들

얼굴에 미소 가득하다.

그리운
나무 그늘

부처님오신날은 늘 봄이 끝나고 여름이 시작되는 즈음에 있습니다. 여름을 맞이하는 들목이 곧 초파일인 셈이지요. 옛 분들은 '여름'이라는 단어를 '열매'와 같은 뜻으로 썼는데, 지금도 함경도에서는 열매를 여름이라 일컫는다고 합니다. 『용비어천가^{龍飛御天歌}』에도 "뿌리가 깊은 나무는 꽃이 아름답고 열매(여름)가 많다."는 구절이 있지요. 이렇게 말뿌리로 살펴보면 여름은 땀흘려 열매를 만드는 계절이요, 초파일은 이런 여름으로 들어가는 일주문一柱門인 것입니다.

사람은 곡류, 과일, 채소 같은 열매를 먹고 살아갑니다. 그런데 대부분의 열매는 뜨거운 햇살이 대지를 달구는 여름철에 생성됩니다.

그러니 열매 없이 살 수 없는 인간은 등판을 지져 대는 여름 햇볕을 참아 견디며 비지땀을 흘리지 않을 수 없습니다. 그렇다고 여름철이 뜨거운 햇빛과 고된 노동뿐인 불지옥 같은 계절은 아니지요. 여름에는 비록 짧기는 하지만 다디단 휴식의 기쁨을 안겨 주는 아늑하고 시원한 그늘이 곳곳에 널려 있습니다. 바람이 산들거리는 느티나무 그늘 아래 누워 지친 팔다리를 쉬며 더운 땀과 숨을 식히는 농부들의 모습은 여름 들녘에서 볼 수 있는 매우 흔한 풍경이기도 합니다.

여름 햇빛이 강할수록 그리고 해야 할 일이 힘겹고 막중할수록 사람들은 더욱 간절하게 몸과 마음을 쉴 두텁고 깊은 그늘을 찾습니다. 그러니 우리는 그늘이 없는 여름 또한 상상할 수 없습니다. 여담이 되겠습니다만 중국 소림사 소림굴 바위벽에는 아홉 해 동안 벽을 향해 좌선한 달마 스님의 그림자가 박혀 있었다고 합니다. 그런데 이 신비한 그림자를 일본군이 중국을 침략했을 때 훔쳐갔다는 것입니다. 중국 스님들 사이에 떠도는 이 이야기는 새삼스럽게 그림자의 의미를 다시 생각하게 하지요.

그림자를 그늘이라고도 부릅니다. 서산 스님은 금강산이 드리운 그림자 누각에 대해 말씀하십니다만, 우리네의 여름 그늘은 대개가 크고 작은 나무들이 만들어 줍니다. 그 그늘은 찾아온 길손의 몸과 마음에 찌든 힘겨움과 번뇌를 아무런 대가 없이 묵묵히 치유해 줍니다. 노동의 내용과 형식이 크게 달라진 오늘날에는 우리가 만들어 거두어들이는 열매 또한 매우 다양해졌지요. 인간은 밥으로만 살 수 없습니다. 그래서 사람들은 몸과 정신이 요구하고 필요로 하는 온갖 이름의 열매를 기르고 가꿉니다. 이런 열매를 가꾸어 내는 일은 여름날의 대지 위에서 생산되는 열매와는 달리 자연스럽지도, 사람의 온정이 느껴지지도 않는 시스템 속에서 이루어집니다. 특히 감정 노동을 통해 획득되는 갖가지 열매들은 우리에게 심각한 고통을 안겨 주는 경우가 허다합니다. 오늘날 들녘이 아닌 억지 노동 공간에서 생기는 지친 몸과 마음은 어떤 나무, 어떤 그늘을 통해 위안받을 수 있을까요?

어떤 절의 지장전 둘레에 돌로 만든 49위의 아기 지장보살님이 모셔져 있었습니다. 그리고 이 아기 지장보살상 앞에는 '나무 지장보살'이라고 새긴 명패가 놓여 있었다지요. 어느 날 이 아기 지장보살님을 한 분 한 분 참배한 한 불자가 주지 스님을 찾아와 이렇게 묻더랍니다. "스님, 왜 돌로 만든 '돌 지장보살'을 '나무 지장보살'이라고 하십니까?" '나무[南無]'란 인도말 '나마스Namas'의 소리말로 '귀의한다'는 뜻이지요. 그러니 '나무 지장보살'이란 "지장보살님께 귀의합니다."라는 말이 됩니다. 만약 이런 사실을 모르는 사람이라면 당연히 그런 의문이 일어날 수 있을 것입니다.

내친김에 '나무 지장보살'에 담긴 뜻을 더 깊게 생각해 보기로 합시다. '나무' 곧 귀의란 "당신과 나는 한 몸입니다."라는 확신과 "나는 당신과 한 몸이 되겠습니다."라는 발원을 담고 있습니다. 그렇다면 우리가 이런 확신과 발원을 발하는 지장보살은 어떤 분일까요? 지장보살은 '지장地藏'이라는 명호가 말해 주듯 '대지大地처럼 생명을 기르고 키우는 성스러운 님'을 말합니다. 그러니 '나무 지장보살'은 "저는 생명을 기르고 키워 부처님이라는 열매를 맺게 하시는 성스러운 님과 한 몸입니다."라는 선언이자, "저는 생명을 기르고 키워 부처님이라는 열매를 맺게 하시는 성스러운 님과 한 몸이 되겠습니다."라는 다짐인 것입니다. '나무' 곧 확신과 발원은 불자를 불자로 살리는 가장 바탕이 되는 빛이자 삶의 고통과 망념을 길이 쉬게 하는 안식의 그늘이기도 합니다. 이런 의미로 보면 '나무[南無]'를 '나무

[樹木]'로 여긴 저 불자의 이해 또한 반드시 틀렸다고 할 수는 없겠습니다.

오늘날 대부분의 사람들은 그늘이 없는 삭막한 삶을 살아가고 있습니다. 여기서 말하는 그늘은 마음의 병이나 상처 같은 것이 아니라, 행복한 삶의 토대를 이루는 '안심安心'입니다. 잃음에도 얻음에도 한결같은 안심의 삶은, 생동하는 생명의 빛과 하나됨을 통해 이뤄지는 생명의 본래 모습입니다. 그러므로 생명은 이런 빛과 그림자를 여의고는 결코 행복해질 수 없습니다. 『증일아함경』은 비루다카Virudhaka라는 코살라국 임금이 부처님의 동족인 샤카족을 치고자 전쟁을 일으켰을 때 그늘이 없는 고목나무 아래 앉아 계시는 부처님을 그리고 있습니다. 부처님께 동족이 없는 삶, 생명이 죽음을 당하고 상처받은 세상은 그늘이 없는 삶 그 자체였던 것입니다.

흔히 현대 자본주의사회를 움직이는 동력으로 살생과 경쟁을 말하기도 합니다. 살생과 경쟁은 소리는 다르지만 내용으로 보면 남을 배제하는 심리를 뿌리로 삼고 있다는 점에서 같은 말이라 할 수 있습니다. 자본주의사회의 가장 강력한 가치인 부를 뜻하는 영어 '리치rich'는 왕을 뜻하는 라틴어 '렉스Rex'에서 왔다고 합니다. 왕王이란 타자가 완전히 배제된, 자폐적 삶의 상황을 말합니다. 부처님께서는 "모두가 부자요, 누구나가 왕인 세상을 견디지 못하는 삶에는 그늘이 없다."라고 말씀하십니다. 코살라국 임금 비루다카라는 이름은 '확장하다'는 뜻을 가지고 있습니다. 부처님께서는 그에게, 확장의 끝에는 나무도 그늘도 없는 괴롭고 파멸적인 삶만 난무하고 있음을 몸으로 보여 주셨던 것입니다.

헨델의 오페라 〈세르세〉 가운데 '옴브라 마이 푸'라는 아리아가 있지요. 이것은 물론 '옴 마니 반메 훔' 같은 만트라가 아닙니다. '옴브라 마이 푸'란 이탈리아말로 '그리운^(다정한) 나무 그늘'이라는 말이라고 합니다. 오페라의 주인공인 세르세 임금이 크고 우람찬 플라타너스나무를 안고 나무가 드리우는 편안하고 시원한 그늘을 노래하는, 드물게 아름답고 성스러운 감을 주는 아리아입니다. 자신과 똑같은 존재인 타자의 눈빛과 그 눈빛 속에 빛나는 자신의 모습을 사랑할 수 없는 삶을 살아야 했던 세르세 임금은 잊었던 그늘을 발견하고 그 그늘에 귀의(南無)하는 노래를 부름으로써 비로소 큰 평화와 안심을 얻게 되지요.

해마다 우리는 중국에서 날아온 미세먼지로 엄청난 심신의 고통을 감수해야만 합니다. 우리는 미세먼지가 자욱한 거리를 걸으며 예전에는 숨을 쉬어야 살 수 있었는데 이제는 숨을 쉬지 않아야 살 수 있는 세상이 오는 것이 아닌가 하는 공포감에 사로잡히기도 했습니다. 생각해 보면 중국에서 날아온 미세먼지는 중국은 물론 다국적기업이 만들어 낸 탐욕의 산물임에 틀림없습니다. 보기를 들면 미국의 자본과 기술이 말레이시아의 원자재를 사용해 중국에서 만든 제품을 유럽 사람들이 사용하는 구조 속에서 발생한 현상인 것입니다. 그러니 이 미세먼지 가운데는 중국으로 진출한 한국기업이 만들어 낸 것이 전혀 없다고는 말할 수 없을 것입니다.

탐욕은 이렇게 부메랑이 되어 자신의 생명을 위협하기 마련입니다. 부rich를 향한 맹목적 탐욕, 곧 왕Rex이 되고자 하는 독선적이고 오만한 마음이야말로 대기 중에 미세먼지를 일으키는 인자인 마음의 미세먼지일 것입니다. 불교에서는 이것을 미세망상微細妄想이라고 하지요.

우리는 다시 부처님오신날을 맞고 이어 열매를 기르고 가꾸는 여름 들판에 들어가게 됩니다. 여름 들판에서 우리 불자들이 일궈야 할 열매는 무엇일까요? 그것은 앞에서 말했듯이 '나무[南無]'라는 나무와 그 그늘입니다. 날로 만연해져 가는 안팎의 미세먼지로 정상 생활을 할 수 있는 토대가 와해되어 가는 이 재앙의 시대에 우리가 서둘러 해야 할 일이 무엇인지는 매우 분명해 보입니다. 그것은 세르세 임금처럼 나무와 그늘을 그리워하고 그것을 노래하는, 바르고 단호한 결택과 사고의 대전환입니다.

맑은 공덕

달이 밝으니

마음도 밝아지고

고운 바람 맑으니

생각도 맑아지네.

이곳저곳 똑같은

따스한 봄빛 바람이고

봄빛이 방안에 들어오니

묵은 한기 사라지네.

228

인연공덕으로 자비광명 가피 바람 불어

사대는 강건하고 육근은 청정하고

천 가지 경사 겹쳐 일고

백 가지 재앙 사라지니

산 같은 높은 목숨

바다 같은 넓은 복락

길이 누려지이다.

한 가닥 바람이

소매 가득 향기롭고

이웃과 내 집 안에

맑은 공덕 가득하소서.

공덕을 성취하는 진언

옴 바아라 미라야 사바하

백유읍장 伯俞泣杖

옛날 중국 한나라에 백유라는 사람이 살았습니다. 백유의 어머니는 아들이 조금이라도 잘못을 저지르면 회초리로 종아리를 때려 주셨습니다. 이런 어머니의 사랑은 백유의 머리가 희어질 때까지 이어졌습니다. 그러던 어느 날 어머니에게 종아리를 맞던 백유는 큰 소리로 울기 시작했습니다. 아들의 전에 없던 반응에 놀란 어머니가 묻습니다. "왜 우느냐? 이제 이 어미를 원망하는 마음이 드느냐?" 백유가 대답했어요. "아닙니다. 전에는 어머니의 매가 그렇게 아프더니 이제는 조금도 아프지가 않습니다. 어머니께서 이다지도 노쇠해지셨다는 말씀입니까? 이것이 저를 울게 합니다." '백유가 매를 맞고 울다'라는 사자성어 '백유읍장伯俞泣杖'은 이런 고사를 그 안에 담고 있지요.

우리 불자들의 어머니는 관세음보살입니다. 그래서 '대성자모大聖
慈母'라고 부릅니다. 더없이 성스럽고 자비하신 어머니라는 말이지
요. 생각해야 할 점은 관세음보살님도 백유의 어머니처럼 때때로
우리들의 종아리를 때려 주신다는 사실입니다. 이른바 '분노하시는
관세음보살님'인 것입니다. 관세음보살님이 쓰시는 회초리는 대나
무나 싸리나무 같은 것이 아닙니다. 그것은 때때로 뜬금없이 몸과
마음에 찾아오는 갖가지 힘겨움입니다. 살다 보면 우리는 질병, 실
패, 배신, 상실 같은 것들로 아프고 괴로워할 때가 많습니다. 불자
들은 이런 고통을 바르게 살라고 때려 주시는 관세음보살님의 회초
리질로 생각해야 합니다. 이렇게 할 때만이 큰 지혜가 열리고 불자
다운 위엄과 인격이 형성됩니다.

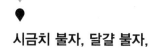

시금치 불자, 달걀 불자,
녹차 불자

    삶의 고통은 고통 그 자체보다 고통을 보는 관점에 따라 크게 달라질 수 있습니다. 이를테면 돈 자체가 우리를 힘들게 한다기보다 자신이 만든 돈에 대한 가치가 그렇게 한다는 말입니다. 불교에서는 잘못된 가치와 관점을 어리석음이라고 합니다. 관세음보살님의 회초리는 이 어리석음을 뽑아 주시려는 자비의 손길입니다. 고통은 과열된 삶의 열기입니다. 이 열기는 눈, 귀, 입, 마음을 부글부글 끓고 활활 불타오르게 하지요. 그래서 극심한 고통을 끓는 물이나 불에 비유하기도 합니다. 끓고 불타오르는 고통에 대응하는 방식은 사람에 따라 다른데 이것은 고통의 질과 양상을 결정하는 효모가 됩니다.

어떤 사람은 모든 것을 포기하고 아예 주저앉아 버립니다. 마치 끓는 물에 시금치를 넣으면 바로 삶아져 버리듯이 말입니다. 이런 불자를 '시금치 불자'라 할 수 있습니다. 어떤 사람은 그것에 맞서 싸우며 자신의 입지를 한사코 견지하려고 합니다. 끓는 물에 던져진 달걀은 시금치처럼 삶아져 버리는 것이 아니라 오히려 돌덩이처럼 굳어집니다. 이렇게 고통스러운 상황에 공격적인 불자를 '달걀 불자'라 할 수 있습니다. 그런데 어떤 사람은 끓는 고통을 감미롭고 향기로운 기운으로 손쉽게 변화시키기도 합니다. 찻잎이 끓는 물을 시원하고 평안한 맛을 지닌 찻물로 변화시키듯이 말입니다. 이렇게 자신도 살리고 상황도 살려 내는 불자를 '녹차 불자'라 할 수 있습니다. 여러분은 어떤 불자가 되기를 원합니까?

처마 끝 붉은 햇살 떨어지니 새해 아침이요

곱디 고운 내 님 얼굴 수줍듯 붉게 물들고

봄이 오면 봄비 내리듯 아름답게 꽃 피워

날마다 매 순간 마음에 봄바람 불어온다네.

밝고 맑은 금빛으로 몸 태워 어둠 씻어 내고

향기로운 바람 빛깔 달라 미묘한 향기 가득

아침 이슬마다 오색 찬연하게 나투신 내 님

날마다 매 순간 마음에 봄바람 불어온다네.

영원히 변치 않는 신령한 빛 아침 문 여니

붉은 꽃 잎새마다 바람 실어 방안에 들어와

마음속 피어나는 기쁨 행복의 씨앗이라네

날마다 매 순간 마음에 봄바람 불어온다네.

옴 아모카 살바다라 사다야 시베홈

부처님과 함께
새해를

붉은 태양 서서히 떠올라 새벽을 여니

보리 들녘에 바람 물결이 높게 일고

늙은 대밭에 소리 따뜻하니

가지가지마다 봄꽃이 한창입니다

동쪽 산마루에 첫 구름 붉게 이니

관음 종소리 무심천에 떨어지고

향 올려 부처님 우러르니

상서로운 새해가 품에 가득합니다

나무불 축원하오니

저와 제 집안에 복의 비 내려 주소서

나무불 축원하오니

모든 이웃과 세상에 웃는 달 뜨게 하소서

가슴마다 놀라는 일 없고

마음마다 감사의 꽃 피게 하소서

옴 마니 파드메 훔

옴 마니 파드메 훔

아 연꽃 속의 보배 광명이여

마하반야바라밀

하늘 가득 흰 눈 내리니 솔잎 더욱 푸르고

신령한 붉은 꽃 마음속 뜨니 날로 새롭네

일마다 일마다 가피향 가득 퍼져

꽃 피고 물 흐르듯 일체 소원 이뤄지이다

가데가데 파라가데 파라상가데 보디스바하

마하반야바라밀 마하반야바라밀 마하반야바라밀

빛을 쫓아 봄이 오니 온 산에 꽃 흐드러져

바람에 날린 꽃잎 향기 옷깃에 가득하네

일마다 일마다 가피향 가득 퍼져

꽃 피고 물 흐르듯 일체 소원 이뤄지이다
가데가데 파라가데 파라상가데 보디스바하
마하반야바라밀 마하반야바라밀 마하반야바라밀

소나무 가지에 걸린 달 떨어질까 걱정이고
솔잎에 내려앉은 흰 서리 그윽이 반짝이네
마음먼지 묵은 온갖 근심 한순간 사라져
늘 서 있는 이곳이 풍요로운 극락이라네
가데가데 파라가데 파라상가데 보디스바하
마하반야바라밀 마하반야바라밀 마하반야바라밀

돌고 돌려
백팔염주 百八念珠

돌고 돌려 (돌려) 돌고 돌려 백팔염주 돌리세

돌고 돌려 (돌려) 돌고 돌려 백팔염주 돌리세

마음에 둥근 보름달 뜨니 염주 돌리기 좋은 날

한 번 돌리니 헛된 욕심은 없고 마음의 평화가 열렸네

염주 두 번 돌리고 나니 쓸데없는 분노 사라져

괴로운 내 맘속에서 염주 돌리니 백팔번뇌 사라져 가네

돌려 돌려 염주 돌리세 행복의 창문이 열리네

붉은 미소로 다가오는 내 님의 음성

백팔염주 염주 돌리세

돌고 돌려 (돌려) 돌고 돌려 백팔염주 돌리세

돌고 돌려 (돌려) 돌고 돌려 백팔염주 돌리세

마음에 둥근 보름달 뜨니 염주 돌리기 좋은 날

한 번 돌리니 헛된 욕심은 없고 마음의 평화가 열렸네

염주 두 번 돌리고 나니 쓸데없는 분노 사라져

괴로운 내 맘속에서 염주 돌리니 백팔번뇌 사라져 가네

돌려 돌려 염주 돌리세 행복의 창문이 열리네

붉은 미소로 다가오는 내 님의 음성

백팔염주 염주 돌리세

붉은 미소로 다가오는 내 님의 음성

백팔염주 염주 돌리세

돌고 돌려 (돌려) 돌고 돌려 백팔염주 돌리세

돌고 돌려 (돌려) 돌고 돌려 백팔염주 돌리세

그리운 어머니

이제 와 돌아보니 자비로운 맘으로

한결같으신 달빛 미소 띤 어머니 얼굴

나의 어릴 적 진자리 마른자리 마다않으신

푸른 바다 같은 나의 어머니

행복도 불행도 스스로 만드는 것이라

일러 주신 어머니

자식 생각에 한순간도 잊지 않고

어르고 달래던 그 말이

나는 그 말이 싫어 불만으로 자신을 태우며

어머니 곁을 벗어났지요

이제 부모 되고 보니 자라 온 나날들이

엊그제 같은데 이젠 제 곁에 없으시네요

힘들 때나 기쁠 때나 따스하게 감싸 주던

한결같으신 달빛 미소 띤 어머니 얼굴

내가 어둠 속에서 헤매일 때 밝은 빛으로

내 곁에 오신 어머니 등불

천 개의 손으로 나를 감싸 주시고

천 개의 눈으로 나를 바라보았죠

따뜻한 어머니의 미소 보고 싶지만

이젠 제 곁에 없으시네요

뵙고 싶지만 제 곁에 없네요 어머니

제가 이제 철이 들었나 봐요

따뜻한 어머니의 미소 그립습니다

이젠 제 곁에 없으시네요

그립습니다 어머니

무상無常하네

무상하네 슬픔과 기쁨

하룻밤의 꿈이요

무상하네 만남과 헤어짐은

한 세상의 정이었네

외기러기 가을 하늘 아래서

높이 날아오르고

말없이 고개 돌리니

붉은 미소 넘으려 하네

무상하네 해는 머리 위

풀잎 이슬 머금고

무상하네 인생은 길지 않고

세월은 달리는 망아지

무상하네 물가에 버들가지

흰 꽃 활짝 피었네

무상하네 꽃 저 멀리 날으려 해도

바람결 약해 날지 못하네

길 가는 나그네 지쳐서

숨소리마다 힘들고

그대는 오늘 밤 어느 처소에서 자려 하는가

시냇물 소리에 흐르는 (인생 또한) 정처 없이 흘러가네

서산에 걸린 달 아침을 여는 붉은 미소 부르네

서산에 걸린 달 아침을 여는 붉은 미소 부르네

도솔에
올리는 공양

'나는 나 자신으로 살 수 있을까요?' 기원후 삼백 년경 한 이집트인 사내가 그가 믿는 신에게 간절히 물었던 질문입니다. 나일강 서쪽 땅 옥시린쿠스의 파피루스 더미 속에 묻혀 있던 이 질문은 인간의 가장 오래된 물음이자 늘 새롭고 절박한 오늘의 물음이기도 하지요.

'나 자신으로 살 수 있는 길'을 찾아 나선 나의 출가는 물론 옥시린쿠스 파피루스의 물음과는 상관없이 이루어졌습니다. 생각해 보면 꽃이 좋아 산에 사는 작은 새처럼 '나 자신으로 살 수 있는 삶'은 누구에게나 가장 당연한 권리요 신성한 책임이 될 것입니다.

나는 철이 들면서부터 날로 광폭해지는 자본과 공룡화되어 가는 사회 구조에 정체 모를 공포감을 느꼈고 그 속에 자신을 방치한다는 것은 자신에 대한 죄악이라는 생각을 하게 되었지요. 나아가 그런 삶판 속에서 거칠게 반항하며 날로 시들어 가는 몸과 마음의 절망적 절규에 차마 귀를 닫을 수가 없었습니다. 그리하여 '자신을 등불로, 자신을 섬으로' 삼는 가르침의 바다에 들어오게 된 것입니다. 벌써 반백 년 전의 일입니다.

속절없이 지나가 버린 오십 년의 성상입니다. 돌이켜보면 일 없이 향을 사르며 보낸 태평시절은 결코 아니었습니다. 어쩌면 그것은 쓰러지고 일어나기를 거듭하며 비틀거리며 걸어온 순례의 역정歷程이었다 함이 옳을 것입니다. 모든 순례의 끝은 '자기와의 만남'이라고 하지요. 선가禪家에서는 이를 '벽관壁觀'이라 불렀습니다.

'나 자신으로 사는 일'은 치열한 벽관의 실감이 없이 이뤄질 수 있는 일이 아닙니다. 내게 있어 벽관은 웃으며 쓰러지게 하고 노래하며 일어나게 하는 자비 신통력의 원천이었습니다. 벽관의 벽은 무상無常의 벽이요 무아無我의 벽입니다. 그것은 완성된 매 찰나刹那의 머묾 없는 흐름으로 빙그레 실감될 뿐 언어분별로는 알 수 없는 그 무엇이지요. 그래서 '다만 모를 뿐'인 것입니다.

벽은 나의 그리움이요 나의 님입니다. 보아도 보지 않아도 그리운 나의 님입니다. 그 벽은 결코 제임스 스콧의『조미아(지배 받지 않는 사람들)』적 시공이 아닙니다. 그것은 온갖 이원적 가치와 사태가 회통되는 존재의 고향이지요. 피그미족이 맑은 노래로 숲을 일깨우고 그 숲을 찬양하듯 나는 수도 없이 넘어지고 일어서며 벽에 귀의하는 노래를 불러 왔습니다. 그 벽의 노래가 이런저런 글을 이루었고, 이 글들이 모여 한 권의 책이 되었습니다. 책장을 넘길수록 남루하고 어쭙잖은 글들입니다. 그러하기에 이 책을 지족선정知足禪定의 본향인 도솔궁에 공양 올려 그간의 부끄러운 삶을 아프게 고백드리고자 합니다.

끝으로 이 일에 뜻을 함께해 주신 향천 박종호 거사님과 최은희 보살님과 도솔회 도반들과 그리고 책을 만들어 주신 담앤북스 여러분께 감사드립니다.

248

명사여운 鳴沙餘韻

| 초판 1쇄 발행_ 2021년 5월 19일

| 지은이_ 함현
| 펴낸이_ 오세룡
| 편집_ 박성화 손미숙 정해원 전태영 유나리
| 기획_ 최은영 곽은영 김희재
| 디자인_ 고혜정 김효선 장혜정
| 홍보 마케팅_ 이주하
| 펴낸곳_ 담앤북스 _ 서울특별시 종로구 새문안로 3길 23 경희궁의 아침 4단지 805호
　　　　　전화 02)765-1251 전송 02)764-1251 전자우편 damnbooks@hanmail.net
　　　　　출판등록 제300-2011-115호
| ISBN　979-11-6201-296-3 (03220)

정가 16,000원